Günter Hofbauer, Tarek Mashhour, Michael Fischer
Lieferantenmanagement

Günter Hofbauer, Tarek Mashhour,
Michael Fischer

Lieferanten-
management

Die wertorientierte Gestaltung der Lieferbeziehung

3., vollständig aktualisierte Auflage

DE GRUYTER
OLDENBOURG

ISBN 978-3-11-044263-2
e-ISBN (PDF) 978-3-11-044336-3
e-ISBN (EPUB) 978-3-11-043562-7
ISSN 0179-0986

Library of Congress Cataloging-in-Publication Data
A CIP catalog record for this book has been applied for at the Library of Congress.

Bibliografische Information der Deutschen Nationalbibliothek
Die Deutsche Nationalbibliothek verzeichnet diese Publikation in der Deutschen
Nationalbibliografie; detaillierte bibliografische Daten sind im Internet über
http://dnb.dnb.de abrufbar.

© 2016 Walter de Gruyter GmbH, Berlin/Boston
Umschlaggestaltung: Günter Hofbauer, Tarek Mashhour, Michael Fischer
Satz: le-tex publishing services GmbH, Leipzig
Druck und Bindung: CPI books GmbH, Leck
♾ Gedruckt auf säurefreiem Papier
Printed in Germany

www.degruyter.com

Vorwort

Wertgestaltung durch Lieferantenmanagement

Modernes Beschaffungsmanagement besteht aus weit mehr als einkaufen zu niedrigen Preisen. Damit Unternehmen im Wettbewerb bestehen können, ist es erforderlich, die Beschaffung als starken Partner in der Wertschöpfung zu positionieren. Der Wertbeitrag wird aber nicht nur durch die Reduzierung der Beschaffungspreise erzielt. In Zeiten steigender Kundenanforderungen und anspruchsvoller werdender gesetzlicher, gesellschaftlicher und wirtschaftlicher Rahmenbedingungen, muss ein gezieltes Lieferantenmanagement den Kundenwert durch Innovationen, Qualität und Sicherstellung rechtzeitiger Markteinführungen maximieren.

In vielen Branchen wird ein Großteil der Wertschöpfung bereits von Zulieferern generiert. Die Tendenz, vor allem auch in der Entwicklungsleistung, ist steigend. Aus dieser Tatsache heraus liegt es auf der Hand, dass die Beschaffung als Schnittstelle zu den Lieferanten große unternehmerische Verantwortung trägt und die Zusammenarbeit mit Lieferanten systematisch gesteuert werden muss.

Das Lieferantenmanagement stellt dabei einen professionellen Ansatz dar, den Wertbeitrag des Lieferanten weiter zu optimieren. Als fachbereichsübergreifender Unternehmensprozess steuert es die Lieferantenbeziehungen. Dabei stehen Innovationsprozesse und die statusgerechte, kundenwertschaffende Teileversorgung bei höchster Qualität und Zuverlässigkeit im Fokus. Um dieser Verantwortung gerecht zu werden, muss eine systematische, crossfunktionale Vorgehensweise geschaffen werden, welche die Nutzung des Potenzials der leistungsstärksten Lieferanten sichert.

Die in diesem Buch beschriebene Vorgehensweise zur Ausgestaltung des Lieferantenmanagements ist aus der Zusammenarbeit zwischen der Audi AG und der Technischen Hochschule Ingolstadt entstanden. Großer Dank gilt daher der Audi AG für die gewährten Einblicke in die Praxis. Zudem danken wir allen, die hierzu einen Beitrag geleistet haben. Besonderer Dank gilt Herrn Martin Friedrichsen für seine Unterstützung bei der Überarbeitung für die 3. Auflage.

Ingolstadt, im Sommer 2016

Prof. Dr. Günter Hofbauer
Dr.-Ing. Tarek Mashhour
Dipl.-Wirtschaftsing. Michael Fischer

Inhalt

Abbildungsverzeichnis

Tabellenverzeichnis

1 Der Wandel in der Beschaffung

Die industrielle Entwicklung erfordert durch die Optimierung der Wertschöpfungs-ketten über Unternehmensgrenzen hinweg eine immer höhere Effizienz. Der mit „Ein-kauf" bezeichnete Funktionsbereich kann dieser Bedeutung nicht mehr gerecht wer-den. Mit der traditionellen Einkaufsfunktion werden rein operative und dispositive Tätigkeiten wie Anfragestellung, Bestellwesen, Angebotsvergleich und Preisverhand-lungen in Verbindung gebracht. Dieses Aufgabenfeld hat sich aber im Laufe der Zeit stark erweitert. Das Beschaffungsmanagement umfasst auch strategische Überlegun-gen und ist auf effizienzsteigernde Prozessorientierung ausgerichtet.

1.1 Vom Erfüllungsgehilfen zum Wertgestalter

Erst in den letzten Jahren wurde die strategische Bedeutung der industriellen Beschaf-fung verstärkt wahrgenommen. Dass die Beschaffung eine hohe Bedeutung für die Wertschöpfung hat, zeigt die Tatsache, dass der Zukaufanteil von produzierenden Un-ternehmen bezogen auf den Umsatz im Durchschnitt bei rund 55 Prozent liegt und die Beschaffung somit signifikant zum Unternehmenserfolg beiträgt (vgl. Kerkhoff 2006, S. 35–36). Traditionell war die Einkaufsfunktion hauptsächlich auf die Erzielung kurz-fristiger Materialkostensenkungen ausgerichtet (vgl. Wildemann 1994, S. 2). Die Er-fahrungen der Vergangenheit, in der Lieferanten als verlängerte Werkbank dienten und der niedrigste Preis das ausschlaggebende Entscheidungskriterium war, haben gezeigt, dass Lieferanten auf Dauer dem Druck nicht standhalten können. Abstriche in der Flexibilität und Qualität, Lieferantensterben, Lieferengpässe und fehlende In-vestitionen in Forschung und Entwicklung waren daher die Folgen (vgl. Payne/Rapp 2003, S. 10).

Die Aufgabe der modernen Beschaffung ist es, langfristige Beziehungen und strategische Partnerschaften mit den besten Lieferanten aufzubauen (vgl. Hofbauer/Bauer 2004). Es wird auch von einem systematischen Beziehungsmanagement ge-sprochen, das die Einkaufshandlungsfelder vom „situativ Taktischen" hin zum „län-gerfristig Strategischen" verschiebt (vgl. Hirschsteiner 2006, S. 499). Abbildung 1.1 verdeutlicht die Herausforderungen und Aufgaben der modernen Beschaffung.

Als Folge des Paradigmenwechsels und der zunehmenden Verlagerung der Wert-schöpfung vom Hersteller zum Lieferanten ist der moderne Einkäufer eher ein „Be-schaffer von komplexen Problemlösungen" als ein „Beschaffer von Teilen" (vgl. Wil-demann 1994, S. 2). Unter der Prämisse, dass der Lieferantenkontakt nicht als Episode, sondern vielmehr als kontinuierlicher Prozess anzusehen ist, wird nicht nur der Preis als Auswahlkriterium verwendet. Qualität, Innovation, Flexibilität, Service, Wettbe-werbsfähigkeit und die Gesamtkosten sind heute die zusätzlichen Entscheidungspa-rameter.

DOI 10.1515/9783110443363-1

Traditioneller Einkauf	Moderner Einkauf
• „Kostendrücker"	• neue Anforderungen an Lieferanten
• „Handlanger der Entwicklung"	• strategischer Fokus: agieren statt reagieren
• operative Rolle im Tagesgeschäft	• Analyse von Märkten, Technologien und Lieferanten
• Einkauf eher regional/national	• Bündelung von Volumen und Synergieausschöpfung
• kein strategischer Fokus	
optimaler Preis	Innovation / Flexibilität / Qualität / optimaler Preis / Wettbewerbsfähigkeit / Service

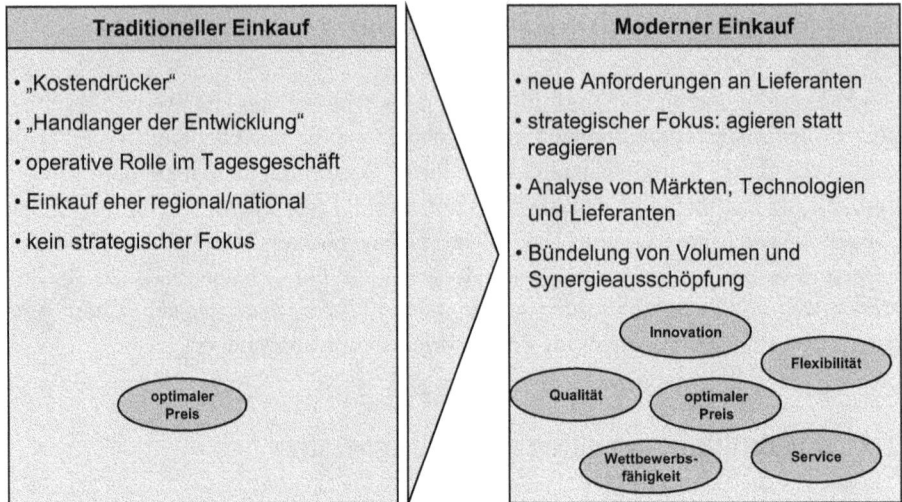

Abb. 1.1: Aufgaben im Einkauf und in der Beschaffung.

In vielen Branchen steigt der Wertschöpfungsbeitrag und damit die Bedeutung der Lieferanten signifikant an. Dadurch verändert sich auch die Bedeutung des Einkaufs und wird vom Management verstärkt wahrgenommen (vgl. Riemer/Klein 2002, S. 7). Einst wurde der Einkauf als „Kostenoptimierer" angesehen, der lediglich die Teile für die Produktion so günstig wie möglich beschaffen sollte. Durch veränderte Rahmenbedingungen hat sich der Einkauf in den vergangenen Jahren bereits zu einem Wertgestalter entwickelt, dessen Aufgabe es jetzt ist, aktiv den Produktentstehungsprozess zu beeinflussen und den „optimalen" Lieferanten rechtzeitig zu identifizieren und zu definieren (vgl. Abbildung 1.2, Quelle: Audi AG).

Die Beschaffung hat sich zu einem maßgeblichen Unternehmensprozess mit hohem Einfluss auf die Wettbewerbsstärke des Unternehmens entwickelt, und diese Entwicklung steht bei vielen Unternehmen noch am Anfang (vgl. Appelfeller/Buchholz 2005, S. 3). Um die moderne Beschaffung erfolgreich zu meistern, werden auch neue Verfahren und Methoden verwendet, die eine strategische und strukturierte Herangehensweise an die neuen Herausforderungen gewährleisten. Konzeptwettbewerbe, Simultaneous Engineering, Global und Forward Sourcing sind einige Schlagwörter, die den „neuen" Einkauf kennzeichnen.

Abbildung 1.3 (vgl. Appelfeller/Buchholz 2005, S. 2) zeigt zusammenfassend, was das zukunftsfähige Beschaffungsmanagement kennzeichnet:

**Anspruch an
den Einkauf**

Wertgestalter
• Aktive Ergebnisgestaltung
• Strategische Lieferantenauswahl

Make or Buy

Innovationsmanagement

Projektmanagement

bereichs-/
markenübergreifende
Vernetzung

Frontloading

Kostenoptimierer
• Teilebeschaffer für Produktion
• Verhandeln von Lieferkonditionen

Synergieerzielung durch
Modul- und Systemvergabe

Fremdleistungsmanagement

Kostenoptimierung

Volumenbündelung

technische Optimierung/
Benchmarking

Beschaffungsabwicklung

Konzeptwettbewerbs-
durchführung

Prozessoptimierung

1960

heute

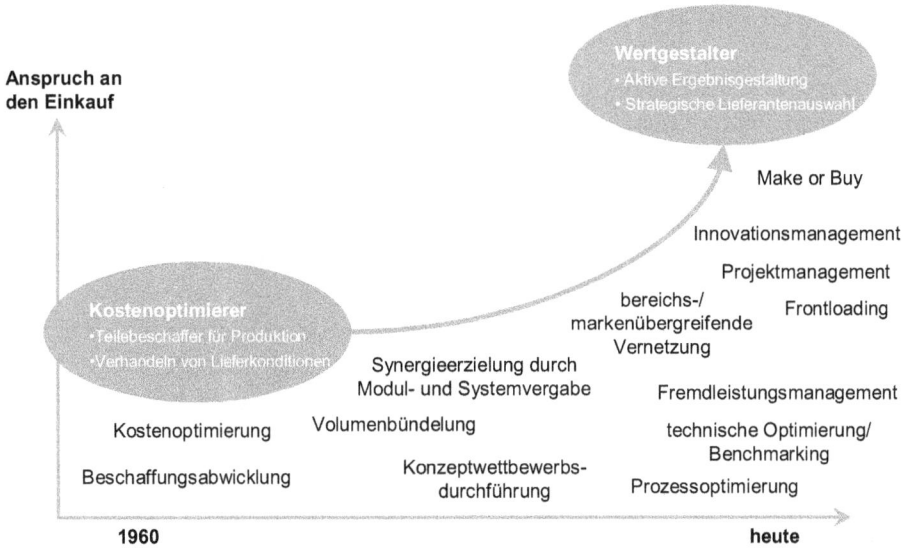

Abb. 1.2: Die Entwicklung zum Wertgestalter.

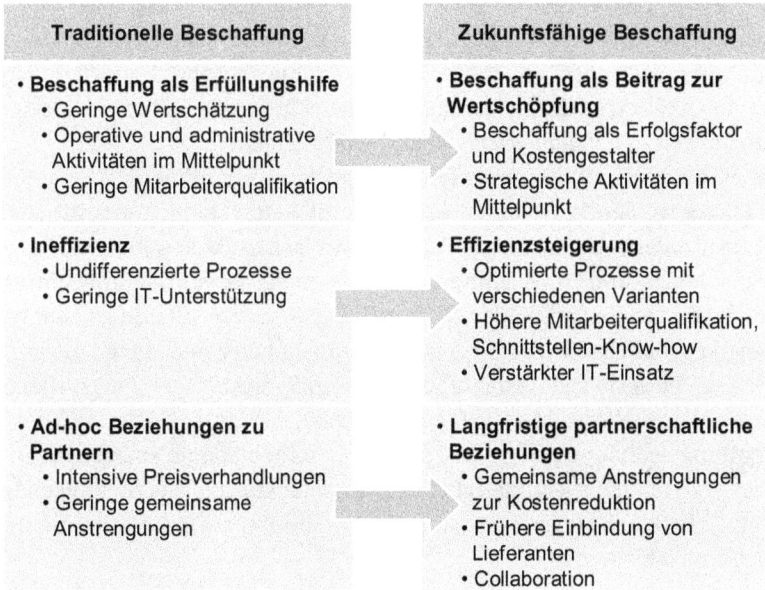

Traditionelle Beschaffung	Zukunftsfähige Beschaffung

• **Beschaffung als Erfüllungshilfe**
  • Geringe Wertschätzung
  • Operative und administrative Aktivitäten im Mittelpunkt
  • Geringe Mitarbeiterqualifikation
	• **Beschaffung als Beitrag zur Wertschöpfung**
	  • Beschaffung als Erfolgsfaktor und Kostengestalter
	  • Strategische Aktivitäten im Mittelpunkt

• **Ineffizienz**
  • Undifferenzierte Prozesse
  • Geringe IT-Unterstützung
	• **Effizienzsteigerung**
	  • Optimierte Prozesse mit verschiedenen Varianten
	  • Höhere Mitarbeiterqualifikation, Schnittstellen-Know-how
	  • Verstärkter IT-Einsatz

• **Ad-hoc Beziehungen zu Partnern**
  • Intensive Preisverhandlungen
  • Geringe gemeinsame Anstrengungen
	• **Langfristige partnerschaftliche Beziehungen**
	  • Gemeinsame Anstrengungen zur Kostenreduktion
	  • Frühere Einbindung von Lieferanten
	  • Collaboration

Abb. 1.3: Das zukunftsfähige Beschaffungsmanagement.

1.2 Die Gründe des Philosophiewandels

Neben der allgemeinen Erkenntnis, dass die Beschaffung eine unmittelbar wertschöpfende Funktion im Unternehmen darstellt, haben veränderte Rahmenbedingungen zum Wandel in der Beschaffung beigetragen. Der Zugang zu internationalen Märkten – sowohl Absatz- als auch Beschaffungsmärkte – sowie der Zwang, trotz Auslagerung von Wertschöpfung neue innovative Produkte zu entwickeln, um den hohen Kundenanforderungen zu entsprechen, sind die Kernfaktoren, die das Beschaffungsmanagement stark beeinflussen.

Neue Datenübertragungs- und Datenverarbeitungsmöglichkeiten (z. B. Internet) lassen neue Formen von zwischenbetrieblicher Zusammenarbeit zu (vgl. Riemer/Klein 2002, S. 6) und wirken damit unmittelbar auf die Beschaffung als Schnittstelle zu Geschäftspartnern.

Globalisierung ist das Schlagwort der aktuellen Wirtschaftsentwicklungen, sowohl volks- als auch betriebswirtschaftlich gesehen. Die Internationalisierung der Märkte intensiviert den Wettbewerb, öffnet aber auch neue Absatz- und Beschaffungsmärkte (vgl. Riemer/Klein 2002, S. 6). Die Nutzung von globalen Marktchancen bringt allerdings erhöhte Risiken – vor allem in der Beschaffung – mit sich (vgl. Kerkhoff/Michalak 2007, S. 21–22).

Das Kundenverhalten hat sich wahrnehmbar verändert. Eine Individualisierung von Produkten und Leistungen ist klar zu erkennen (vgl. Riemer/Klein 2002, S. 6). Märkte haben sich von Verkäufer- zu Käufermärkten entwickelt. Anspruchsvollere Kunden wollen höchste Qualität bei günstigen Preisen. Bei frühzeitiger Einbindung des Beschaffungsmanagements besteht die Möglichkeit, die notwendigen Materialien und Komponenten aktiv zu beeinflussen und statusgerecht zu beschaffen, sodass der geforderte Kundenwert geschaffen wird (vgl. Kerkhoff/Michalak 2007, S. 22–23).

Durch die Kundenindividualisierung und Derivatisierung der Produkte steigt die Komplexität. Kürzer werdende Produktlebenszyklen und zunehmende Innovationsgeschwindigkeit erfordern ebenfalls neue Handlungsweisen in der Beschaffung. Es ist permanente Forschungs- und Entwicklungsarbeit notwendig, die von der Beschaffung aktiv begleitet werden sollte (vgl. Kerkhoff/Michalak 2007, S. 22). Allerdings können die Unternehmen die dafür notwendigen Ressourcen nicht bereitstellen (vgl. Riemer/Klein 2002, S. 6), sodass sie sich vermehrt auf die Kernkompetenzen konzentrieren und der Fremdbezugsanteil zunimmt (vgl. Kerkhoff/Michalak 2007, S. 23).

Die Beschaffung befindet sich, wie das gesamte Unternehmen, in einem dynamischen Umfeld mit sich ständig verändernden Rahmenbedingungen. Die nachfolgende Abbildung 1.4 (vgl. Kerkhoff/Michalak 2007, S. 19) zeigt die aktuellen Herausforderungen der Beschaffung auf einen Blick.

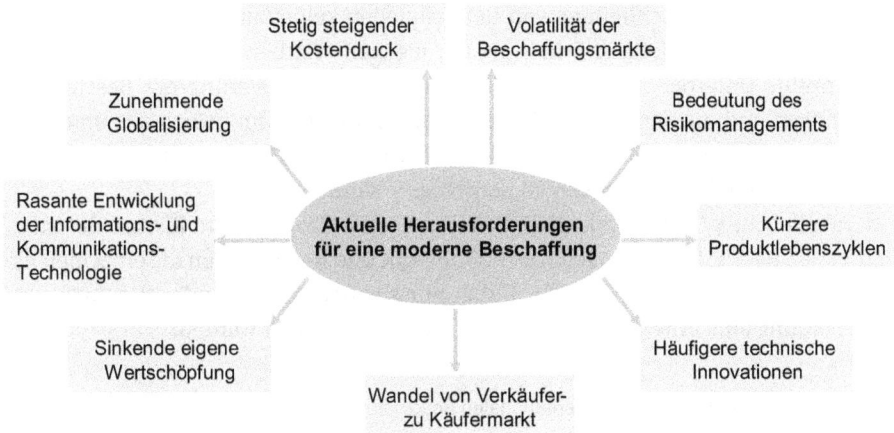

Stetig steigender Kostendruck

Volatilität der Beschaffungsmärkte

Zunehmende Globalisierung

Bedeutung des Risikomanagements

Rasante Entwicklung der Informations- und Kommunikations-Technologie

Aktuelle Herausforderungen für eine moderne Beschaffung

Kürzere Produktlebenszyklen

Sinkende eigene Wertschöpfung

Häufigere technische Innovationen

Wandel von Verkäufer- zu Käufermarkt

Abb. 1.4: Herausforderungen in der Beschaffung.

1.3 Die Internationalisierung der Beschaffung

Die Internationalisierung hat in den vergangenen Jahren die Unternehmensstrategien stark beeinträchtigt. Das Erschließen neuer Absatzmärkte sowie das Verlagern von Produktionsstätten in kostengünstige Regionen der Erde sind nicht die einzigen spürbaren Veränderungen eines immer internationaler werdenden Wettbewerbs. Die Unternehmen versuchen, die Chancen dieser Entwicklungen entlang der ganzen Wertschöpfungskette zu nutzen. Spiegelbildlich zu angepassten bzw. erweiterten Produktportfolios für neue Absatzmärkte am Ende der Supply Chain wird an deren Anfang durch das Erschließen internationaler Beschaffungsquellen die Beschaffungsleistung optimiert. Unter Beschaffungsleistung ist dabei nicht allein das kostengünstige Beziehen von Kaufteilen oder Dienstleistungen zu verstehen. Gerade sehr stark vom Maschinen- und Anlagenbau profitierende Länder müssen die fortschreitende Globalisierung zur Nutzung von internationalem Know-how verwerten, um weiterhin im Wettbewerb erfolgreich bestehen zu können.

Global Sourcing ist der Begriff, der die globalisierte Beschaffungsstrategie beschreibt. China, Indien, Korea, Südamerika sind die hier beispielhaft genannten Regionen, die diese „Einkaufskolonialisierung" verdeutlichen. Kurzum kann Global Sourcing als das „strategische weltweite Beschaffen" (vgl. Kerkhoff 2005, S. 9) von Gütern und Dienstleistungen definiert werden.

1.3.1 Chancen und Risiken der Internationalisierung

Das ungestoppte Voranschreiten der Internationalisierung zwingt jedes Unternehmen – unabhängig von der Branchenherkunft – auch international zu denken. Somit wird die weltweite Erschließung von Bezugsquellen keine kurzfristige Modeerscheinung sein. Zur langfristigen Erhaltung der eigenen Wettbewerbsfähigkeit muss jedes einzelne Unternehmen auf den Zug der Internationalisierung der Beschaffung aufspringen und die dadurch gebotenen Chancen nutzen. Um jedoch aus unternehmerischer Sicht verantwortungsbewusst und strategisch richtig handeln zu können, müssen auch die Risiken des Global Sourcings erkannt werden.

Tabelle 1.1 (vgl. Krokowski 2007, S. 443) zeigt die Chancen und Risiken der internationalen Beschaffung. Je nach Beschaffungsgut und Region fallen die einzelnen Aspekte unterschiedlich ins Gewicht. Daher muss je nach anstehender Beschaffungsentscheidung eine differenzierte Betrachtung vorgenommen werden.

Tab. 1.1: Chancen und Risiken der internationalen Beschaffung.

Chancen	Risiken
Erschließung neuer Beschaffungsmärkte	Kosten-/Währungsrisiko
Kostenvorteile	Qualitätsprobleme
Erhalt der Wettbewerbsfähigkeit	Flexibilitätsverlust
Vertriebsunterstützung	Logistikprobleme/Lieferzeit
	Kommunikationsprobleme

1.3.2 Einteilung der Lieferantenmärkte

Für eine erfolgreiche internationale Beschaffung ist es unerlässlich, Beschaffungsmarktforschung zu betreiben und zu analysieren, welche Lieferantenmärkte das größte Potenzial haben. Um hierbei strukturiert vorgehen zu können, sollten die Beschaffungsteilmärkte bekannt sein. Daher werden im Folgenden Möglichkeiten aufgezeigt, wie sich diese Märkte einteilen lassen (vgl. Krokowski 2007, S. 458–460).

Eine erste grobe Kategorisierung liefert die nachfolgende Tabelle 1.2 (vgl. Krokowski 2007, S. 459). Sie beschreibt die Eigenschaften der sog. Standard-Lieferantenmärkte auf der einen und der Value-added-Lieferantenmärkte auf der anderen Seite.

Abbildung 1.5 (vgl. Krokowski 2007, S. 460) zeigt eine weitere Unterteilung in Abhängigkeit der logistischen und technologischen Anforderungen.

Tab. 1.2: Kategorien der Lieferantenmärkte.

Standard-Lieferantenmärkte	Value-added-Lieferantenmärkte
lohnkostenorientiert	lohn- und materialkostenorientiert
materialkostenorientiert	technologische Führerschaft
verlängerte Werkbank	Marktkenntnisse
geringes Know-how	Qualität und Zuverlässigkeit
	Logistik und Service
	Kostenreduzierungspotenzial/Wertanalyse
	eigene Entwicklungsmöglichkeiten
Osteuropa	Westeuropa
Mittelamerika	Nordamerika
Südamerika	Südostasien

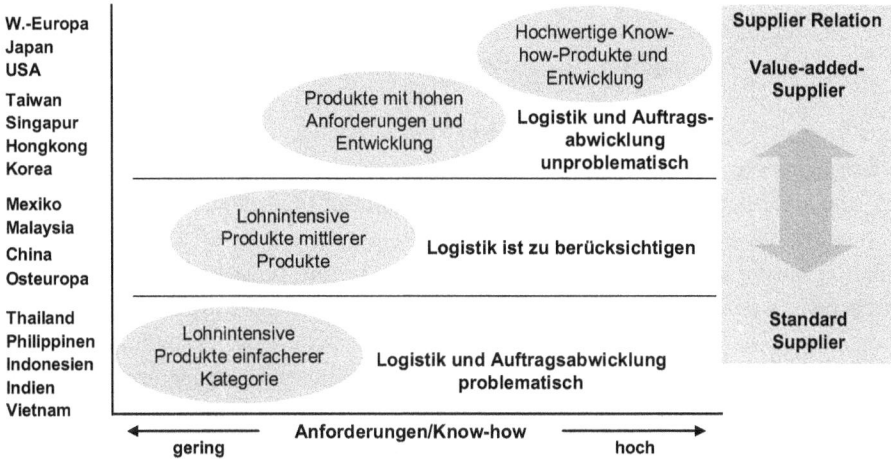

Abb. 1.5: Vergleich globaler Liefermärkte anhand logistischer und technologischer Anforderungen.

2 Einordnung des Lieferantenmanagements in der Beschaffung

2.1 Definition und Ziele des Beschaffungsmanagements

Das Beschaffungsmanagement wird als Gesamtheit aller Aktivitäten zur Erfüllung der Beschaffungsaufgaben definiert. Es ist ein Managementprozess, der die Planung, Steuerung und Informationsbereitstellung für operative Beschaffungsabläufe einschließt und auf die optimale Versorgung des Unternehmens abzielt (vgl. Large 2006, S. 21 u. 25).

Als Oberziele stehen dabei im Vordergrund (vgl. Large 1999, S. 43):
– die Erreichung langfristiger Ziele
– die Reduzierung von Unsicherheiten
– die Ermittlung von Potenzialen
– und der Aufbau von Wettbewerbsvorteilen

Das Beschaffungsmanagement kann aufgeteilt werden in das operative und in das strategische Beschaffungsmanagement.

Das operative Beschaffungsmanagement umfasst unternehmensinterne Aufgaben mit den Zielen, Abläufe im Einkauf zu vereinfachen, Bedarfe zu ermitteln, Material zu disponieren sowie Transaktionen abzuwickeln. Dagegen umfasst der strategische Teil sowohl interne als auch nach außen gerichtete Aufgaben. Darin wird versucht, die Rahmenbedingungen und Beziehungsmuster des Beschaffungsmarktes zu beeinflussen und Verbesserungspotenziale in der Beschaffungsorganisation bzw. in Beschaffungsabläufen zu erkennen und auszuschöpfen (vgl. Wagner 2002, S. 7–8).

Das strategische Beschaffungsmanagement erschließt dabei einen weitaus größeren Zielbereich, als von der traditionellen Beschaffung bekannt war. So gilt es nicht nur den günstigsten Preis bei höchster Qualität zu erhalten. Beispielsweise müssen folgende Zielsetzungen durch die strategische Betrachtungsweise der Beschaffung ergänzt werden (vgl. Hofbauer/Bauer 2004, S. 6):
– hohe Versorgungssicherheit
– hohe Leistungsbereitschaft der Mitarbeiter
– angemessene Anzahl von Lieferanten
– hohe Kapazität der Lieferanten
– geringe Teilevielfalt (Komplexität)
– hoher Anteil von Standardteilen

DOI 10.1515/9783110443363-2

2.2 Beschaffungsverhalten industrieller Kunden

Der industrielle Markt besteht aus allen Individuen und Organisationen, die für die Produktion von Gütern und Dienstleistungen, die verkauft, vermietet oder auf sonstige Weise anderen zur Verfügung gestellt werden, selbst Güter und Dienstleistungen erwerben. Sie kaufen diese also nicht für den persönlichen Verbrauch oder Nutzen, sondern um damit weiter zu arbeiten und Geld zu verdienen, ihre Betriebskosten zu senken usw. Das ist der Hauptunterschied im Vergleich zum Verkauf an private Haushalte. Für die professionelle Beschaffung sind folgende grundlegende Merkmale typisch.

– Die Multitemporalität bedeutet, dass die Kaufentscheidung in mehreren Phasen abläuft; diese sind oft nicht eindeutig voneinander abzugrenzen, sondern gehen fließend ineinander über, werden aber bei Bedarf auch übersprungen oder wiederholt.
– Die Multioperativität bedeutet, dass sich zumeist eine längere Transaktionsperiode ergibt, die sich durchaus über mehrere Jahre hinziehen kann, und zwar umso länger, je komplexer das jeweils zur Beschaffung anstehende Objekt ist.
– Die Multiorganisationalität bedeutet, dass mehrere Stellen im Unternehmen daran beteiligt sind, wobei verschiedene Einheiten mit unterschiedlichem Einfluss auf die Entscheidung einwirken.
– Die Multipersonalität bedeutet, dass auch mehrere Personen im Unternehmen beteiligt sind, die verschiedene Rollen ausüben und wiederum divergente Ziele verfolgen können, die sich in ihrer Stellung zum anstehenden Beschaffungsentscheid ausdrücken.

2.3 Merkmale von industriellen Märkten

Unternehmen kaufen Güter und Dienstleistungen, um damit eine Vielzahl von Zielen zu erreichen: Gewinne zu erzielen, Kosten zu senken, den Anforderungen der Kunden und Beschäftigten gerecht zu werden, soziale und gesetzliche Verpflichtungen einzuhalten. An Kaufentscheidungen von Unternehmen wirken im Normalfall mehr Personen mit als an den Kaufentscheidungen der Konsumenten, insbesondere, wenn es um bedeutende Anschaffungen geht. Die einzelnen Entscheidungsträger haben meist unterschiedliche Verantwortungsbereiche und bewerten den Kauf nach jeweils anderen Kriterien.

– Die Einkäufer sind an die von ihren Organisationen vorgegebenen formalen Beschaffungsstrategien und deren Ausrichtungen und Bedingungen gebunden.
– Es gibt auf industriellen Märkten weniger Käufer als auf dem Konsumgütermarkt.
– Es besteht eine starke Käuferkonzentration, d. h. ein Großteil der Produktion wird von wenigen Großkunden gekauft.

- Lieferanten und Kunden haben eine enge Beziehung, da es relativ wenig Kunden gibt und Großabnehmer eine gewisse Macht über ihre Zulieferer haben.
- In vielen Branchen konzentriert sich ein Großteil der Kunden auf wenige geografische Gebiete.
- Die Nachfrage nach Industriegütern ist abgeleitet von der Nachfrage nach Konsumgütern. Mineralöl wird gekauft, weil die Verbraucher Benzin und Heizöl haben wollen. Deshalb sind auch die Kaufmuster der Endverbraucher zu beachten.
- Die Nachfrage ist relativ unbeständig, besonders für Investitionsgüter. Eine Steigerung der Verbrauchernachfrage um beispielsweise 10 % für ein Produkt kann eine explosionsartige Steigerung des industriellen Bedarfs nach Produktionsanlagen für dieses Erzeugnis auslösen.
- Die meisten Industriegüter werden durch professionelle Einkäufer erworben, die ständig dazulernen und häufig ein großes technisches Wissen besitzen. Das führt zu sehr kosteneffizientem Kaufverhalten.
- Viele industrielle Einkäufer kaufen per Direkteinkauf beim Hersteller und nicht über Zwischenhändler.
- Viele gewerbliche Abnehmer leasen ihre Ausrüstung, statt sie zu kaufen.
- Der Gesamtwarenumschlag im Industriegütermarkt ist geld- und mengenmäßig höher als im Konsumentenmarkt.

2.4 Gegenstand der Beschaffung

Das nachfolgend betrachtete Modell des integrierten Beschaffungsmarketings (IBM) (vgl. Hofbauer/Bauer 2004, S. 2) fokussiert folgenden Sachverhalt:
- Ein Industriebetrieb nimmt ein neues Endprodukt in sein Lieferprogramm auf.
- Zur Fertigung werden eine Reihe von höherwertigen Vorprodukten (A- und B-Teile) benötigt, die sich noch nicht im Beschaffungsprogramm befinden.
- Eine Auswahl von Lieferanten soll über den relevanten Beschaffungsmarkt erfolgen, wobei Stammlieferanten keine Vorzugsbehandlung eingeräumt wird, d. h., es erfolgt auch eine Analyse von neuen Anbietern.

Generell soll eine kontinuierliche Anwendung dieses Modells auch als Informationsgrundlage für Beschaffungsvorgänge zu einem späteren Zeitpunkt für Folgekäufe dienen, da mit zunehmender Anreicherung der Datenbasis ein genauerer Blick auf die Beschaffungsmärkte möglich ist. Dazu ist eine entsprechende Dokumentation erforderlich.

Die Bedeutung und die Zielsetzung der Beschaffung liegen darin, das optimale Vorprodukt einzukaufen, um einen möglichst hohen Qualitätsstandard für die Eigenfertigung zu günstigen Konditionen erreichen zu können. Die Kosten für die Beschaffung der Vorprodukte müssen auf jeden Fall kostendeckend in die eigenen Endprodukte einfließen. An dieser Stelle kommt der Wirtschaftlichkeitsbedingung ein wichtiger Stellenwert zu. Verkauft werden kann nur das, was der eigene Absatzmarkt mit der vorgegebenen Preisstellung auch aufnehmen kann.

Damit ist der Rahmen für das Beschaffungsmarketing festgelegt. Es müssen Vorprodukte beschafft werden, die in ihrer Qualität vom Absatzmarkt akzeptiert werden und die auch zu marktfähigen Preisen und akzeptablen Terminen verfügbar sind. Gezielte Einflussnahme auf den Beschaffungsprozess und die Beschaffungsmärkte soll weiterhin eine Nachhaltigkeit der Aktionen bzw. eine langfristige Optimierung der Beschaffungsfunktion gewährleisten. Dies bedeutet im Ergebnis die Sicherung und Erhaltung der Wettbewerbsfähigkeit.

Dem Lieferantenmanagement kommt in diesem Zusammenhang die Aufgabe zu, diese Erfolgsgrößen zu verfolgen und die Lieferantenbeziehungen entsprechend zu gestalten. Dabei geht es im Kern um die Gestaltung der Schnittstelle zwischen Kunde und Lieferant, damit die Angebote als Erfolgspotenziale des Beschaffungsmanagements durch den Abnehmer wahrgenommen werden können (vgl. Hofbauer/Bauer 2004, S. 5).

2.5 Der Beschaffungsprozess

Der Beschaffungsprozess für industrielle Kunden lässt sich in verschiedene Phasen einteilen. Die Ausprägung der einzelnen Phasen hängt vom Typ der Kaufentscheidung ab. Eine Schlüsselrolle nimmt dabei die Prozessorientierung ein. Wesentliche Inhalte sind dabei: Beschaffungsstrategie, Beschaffungsorganisation, Bedarfsanalyse, Marktanalyse, Qualifizierung, Angebotsprüfung, Vorklärung, Verhandlung, Bestellmanagement, Abnahme und Nutzung, Lieferantenentwicklung und Beschaffungscontrolling. Diese können in den Bausteinen Planung, Auswahl, Abwicklung und Monitoring zusammengefasst werden. Eine marktorientierte Organisation mit qualifizierten Mitarbeitern und einer leistungsfähigen IT-Infrastruktur bildet die Grundlage hierfür.

Im Rahmen der *Planung* geht es um die schlüssige Umsetzung der aus der Beschaffungsstrategie abgeleiteten Ziele und Maßnahmen. Dazu ist es erforderlich, die Organisation mit den Prozessen der Lieferanten zu synchronisieren. In der Planung werden die Vorgehensweise bei der Bedarfserkennung sowie der Ablauf der Marktanalyse dargestellt. Die Ergebnisse dieser Phasen liefern die Grundlage für die folgenden Prozessphasen.

In den Phasen der *Auswahl* werden aus dem ermittelten Lieferantenpool durch Qualifizierung, Angebotsvergleiche und Vorklärungsarbeiten die potenziellen Lieferanten weiter selektiert, um das Risiko für das beschaffende Unternehmen weiter einzugrenzen.

Nach der endgültigen Lieferantenwahl gehören zu den Phasen der *Abwicklung* zunächst die wesentlichen Punkte der Verhandlungsführung. Unter Verwendung der zuvor ermittelten Qualifizierungsdaten lassen sich hierfür erforderliche Eckpunkte herausarbeiten. Nachfolgend müssen die operativen Prozessphasen des Bestellmanagements bis hin zur Abnahme durchlaufen werden.

Abschließend erfolgt im *Monitoring* eine weitergehende Analyse der Nutzungsphase, um Daten für die Lieferantenbewertung generieren zu können. Ziel ist es, im Rahmen der Lieferantenentwicklung geeignete Fördermaßnahmen einzuleiten, welche die Zusammenarbeit mit den Vorlieferanten optimieren. Im Rahmen des Beschaffungscontrollings werden alle gewonnenen Informationen zur weiteren Optimierung der Prozesse und damit zur Erfolgssicherung genutzt. Die konsequente Anwendung der vorgestellten Tools ermöglicht somit eine effiziente Planung von künftigen Beschaffungsvorhaben.

2.5.1 Die Phasen des Beschaffungsprozesses

Die folgenden Ausführungen stellen die einzelnen Phasen vollständig dar, wie sie bei einem Erstkauf ablaufen würden. Beim modifizierten oder reinen Wiederkauf würden einige dieser Phasen verkürzt oder übersprungen werden (vgl. Hofbauer/Hellwig 2009, S. 348 ff.).

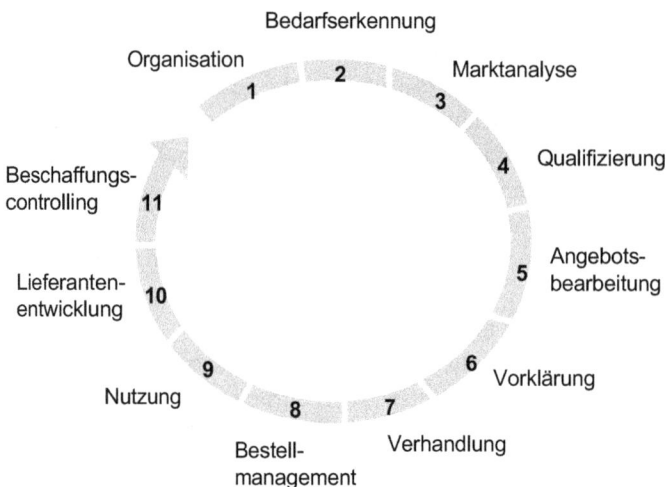

Bedarfserkennung

Organisation

1 2 3

Marktanalyse

4 Qualifizierung

Beschaffungs-
controlling 11

5 Angebots-
bearbeitung

Lieferanten-
entwicklung 10

6 Vorklärung

9

Nutzung 8 7

Bestell-
management

Verhandlung

Abb. 2.1: 11-Stufen-Modell industrieller Kaufentscheidungen.

Bedarfserkennung

Der Beschaffungsprozess beginnt, wenn im Unternehmen ein Bedarf festgestellt wird oder ein Problem auftaucht, das durch den Erwerb eines Produkts oder einer Dienstleistung gelöst werden kann. Der Bedarf kann sowohl interne als auch externe Auslöser haben. Externe Ansätze kann das Produktmanagement des Anbieters oder auch der Verbraucher am Ende der Wertschöpfungskette liefern. Die häufigsten internen Ereignisse, die zur Feststellung eines Problems führen, sind:

– Das Unternehmen beschließt, ein neues Produkt zu entwickeln, und benötigt dazu Zulieferteile, neue Technologien sowie neue Maschinen und Anlagen.
– Wegen eines Maschinenausfalls müssen Neu- oder Ersatzteile beschafft werden.
– Bereits bezogene Teile stellen sich als unzureichend heraus, und das Unternehmen sucht einen neuen Lieferanten.
– Ein Einkäufer sieht die Gelegenheit, günstigere Preise oder bessere Qualität zu erhalten.

Eine Bedarfsbeschreibung soll die Anforderungen an das zu beschaffende Gut definieren. Aus Sicht des Beschaffungsmarketings sollte unter wirtschaftlichen Aspekten versucht werden, dass möglichst viele Gleichteile definiert werden oder dass auf bereits im Unternehmen vorhandene Teile und Komponenten zurückgegriffen wird.

Marktanalyse
Im vorhergehenden Schritt erfolgte die genaue Definition des neu zu beschaffenden Gutes. Zwar ist es in manchen Fällen durchaus üblich, während dieses Spezifikationsprozesses bereits bestehende Kontakte zu Lieferanten zu nutzen, jedoch soll damit noch nicht festgelegt sein, dass diese Lieferanten automatisch bevorzugt behandelt werden und die entsprechenden Lieferaufträge erhalten, womit eine detaillierte Betrachtung der Beschaffungsmärkte entfallen würde.

Die Beschaffungsmarktforschung, welche im Rahmen der Marktanalyse durchgeführt wird, ist die systematische Untersuchung eines Beschaffungsmarktes. Für den speziellen Fall der planmäßigen Bewertung aufgrund eines definierten Bedarfs handelt es sich dabei um eine Zweckforschung zur übersichtlichen und transparenten Darstellung des Beschaffungsmarktes. Der Käufer versucht, die am besten geeigneten Anbieter zu finden. Am Ende der Marktanalyse kristallisiert sich ein Lieferantenpool heraus.

Qualifizierung
Nach der Marktanalyse hat der Käufer dann eine Auflistung geeigneter Lieferanten zur Auswahl. Allen in diesem Pool befindlichen potenziellen Lieferanten wird zugetraut, das gewünschte Gut unter Einhaltung der geforderten Kriterien und grundsätzlichen Gesichtspunkte (Qualität, Fertigungsprozesse, Lieferzeiten, Technologie etc.) zu liefern. Die Lieferantenqualifizierung verfolgt in diesem Schritt das Ziel, durch eine genauere Betrachtung der relevanten Beschaffungsobjekte eine erste Beurteilung der infrage kommenden Anbieter zu ermöglichen. Die durch diese Beurteilung erlangten Informationen werden zu einer weiteren Einengung des Anbieterkreises verwendet.

Angebotsbearbeitung

Aus dem zuvor unstrukturierten Lieferantenpool wurde im Rahmen der Qualifizierung eine Vorselektion der potenziellen Lieferanten vorgenommen. Die Anbieter in den entsprechenden Qualifizierungsgruppen werden dem zu beschaffenden Gut zugeordnet, und bei ihnen wird angefragt. Im Schritt der Angebotsbearbeitung werden die auf diese Weise vorselektierten Lieferanten zu einer Angebotsabgabe aufgefordert. Im Fall komplexer und teurer Produkte wird von jedem potenziellen Lieferanten ein detailliertes schriftliches Angebot angefordert. Das Beschaffungsteam analysiert die Angebote, um eine endgültige Lieferantenwahl zu treffen. Dabei geht es nicht allein um technische Kompetenz, sondern auch um die Fähigkeit, termingerecht zu liefern und den notwendigen Kundendienst zu erbringen.

Vorklärung

Während der Vorklärungsphase werden technische und wirtschaftliche Aspekte der Bedarfsprodukte detailliert mit den bis zu dieser Phase qualifizierten Anbietern besprochen. Zu diesem Zweck werden ihre Angebote als Arbeitsgrundlage herangezogen. Es erfolgt ein letzter Abgleich der erzielten Ergebnisse bzw. eine Analyse der zusätzlich erhaltenen Daten und Informationen. Auf dieser Basis wird dann die Endauswahl der Lieferanten durchgeführt, welche abschließend zu einer Vereinbarung mit dem gewählten Anbieter führt.

Verhandlung

Nach der produktorientierten Vereinbarungsphase rücken die auftragsbezogenen Modalitäten in den Vordergrund. Die Ergebnisse der Verhandlungsphase sind abschließend vertraglich zu regeln, um eine belastbare Geschäftsgrundlage für die beteiligten Unternehmen zu erhalten. Auf dieser Basis erfolgt anschließend die Auftragserteilung.

Bestellmanagement

Am Ende der Verhandlung soll – je nach Vertragsart – über die für eine Auftragserteilung erforderlichen Kriterien eine Einigung herbeigeführt worden sein. Das Bestellmanagement beschäftigt sich mit allen Aktivitäten zur Auftragsbearbeitung und den Überwachungs- und Koordinierungsaufgaben, die bis zur Belieferung anfallen.

Nutzung

Nach der Lieferung und Abnahme der bestellten Objekte erfolgt die Nutzung der Beschaffungsobjekte im eigenen Unternehmen.

Lieferantenentwicklung

Die Phase dient dazu, um leistungsfähige Lieferanten zu beraten bzw. durch gezielte Einflussnahme zu entwickeln und nicht leistungsfähige Lieferanten gegebenenfalls auszusortieren. Hier besteht eine Schnittstelle zum Lieferantenmanagementprozess.

Beschaffungscontrolling

Das Beschaffungscontrolling ist als übergreifende und integrative Aufgabe zu verstehen, die über den gesamten Beschaffungsprozess durchgeführt wird. Deshalb bezieht sich die Controllingaufgabe nicht nur auf ein Kosten- und Bestandsmanagement, der Schwerpunkt ist vielmehr auf die strategischen und prozessorientierten Gesichtspunkte zur Erfolgssicherung ausgerichtet. Das Beschaffungscontrolling stellt den gesamten Beschaffungsprozess in den Mittelpunkt und befasst sich mit der Planung, Messung, Kontrolle und Steuerung zur Verbesserung der kundenorientierten Leistungserstellung.

2.5.2 Beschaffungswirkungen und Soll-Vorgaben

Über die verschiedenen Phasen des Beschaffungsprozesses hinweg ergeben sich auf jeder Stufe messbare Ergebnisgrößen, die durch das Beschaffungscontrolling überwacht werden müssen. Zudem muss das Lieferantenmanagement über Soll-Vorgaben die Ziele setzen und dafür sorgen, dass die Lieferanten auch befähigt werden, diese Soll-Vorgaben zu erfüllen. Tabelle 2.1 (vgl. Hofbauer/Bergmann 2008, S. 269) enthält Beschaffungswirkungen und mögliche Soll-Vorgaben.

Tab. 2.1: Beschaffungswirkungen und Soll-Vorgaben.

Beschaffungswirkung	Soll-Vorgaben
Mängellieferung	– Qualitätskontrolle – Gebrauchsprüfung – Beanstandungsquote
Garantiefall	– Qualitätskontrolle
Handlingschaden	– Handlingschadenskontrolle
Servicemängel	– Serviceleistungskontrolle – Servicebeanstandungsquote
Leistungsniveauverbesserung	– Qualitätskontrolle – Gebrauchsprüfung – Beanstandungsquote – Wareneingangskontrolle

Tab. 2.1: (Fortsetzung).

Beschaffungswirkung	Soll-Vorgaben
Serviceverbesserung	– Serviceleistungsquote – Servicebeanstandungsquote
Lieferverzug	– Verzugsquote
Mehr- bzw. Mindermenge	– Fehlermengenquote – Wareneingangskontrolle
Fehllieferung	– Identitätsprüfung
Versorgungsausfall	– Lieferausfallquote – Lieferantensicherheitsstruktur – Versorgungsrisiko
Bestandsunterschreitung	– Sicherheitsbestand – Lagerreichweite – Vorratsstruktur
Zurückweisung	– Reklamationsquote der Bedarfsträger
Beschaffungsobjektobsoleszenz	– Lieferantenflexibilitätsstruktur
Lieferantenabhängigkeit	– Rahmenvertragsquote – Stammlieferantenquote
Einstandspreiserhöhung	– Einstandspreiskontrolle – Preisobergrenzen – Verhandlungsziel – Preisindex
Spekulationsverluste	– Einstandspreiskontrolle – Preisobergrenzen
Einkaufskostensteigerung	– Kosten pro Bestellung
Transportkostensteigerung	– Transportkostensatz – Transportmittelnutzungsgrad
Entsorgungskostensteigerung	– Recyclingquote
Lagerkostensteigerung	– Lagerkostensatz – Lagerraumnutzungsgrad
Einstandspreissenkung	– Einstandspreiskontrolle – Preisobergrenzen – Verhandlungsziel – Preisindex
Beschaffungsfunktionskostensenkung	– Kosten pro Bestellung – Kosten pro Dispositionsvorgang – Lagerhaltungskostensatz – Transportkostensatz

Tab. 2.1: (Fortsetzung).

Beschaffungswirkung	Soll-Vorgaben
Bestandsüberschreitungen	– Sicherheitsbestand
	– Lagerreichweite
Lagerhüter	– Umschlagshäufigkeit
	– durchschnittliche Lagerdauer
Notkäufe	– Anzahl der Eilbestellungen
Entsorgungsproblematik	– Sondermüllquote
	– Recyclingpotenzialnutzung

2.6 Integriertes Beschaffungsmarketing

Das professionell durchgeführte Beschaffungsmarketing nimmt bezüglich Risikoreduktion einen hohen Stellenwert im Wertschöpfungsprozess eines Unternehmens ein. Die Grundhaltung ist wie bei einem erfolgreichen Vertriebsmanagement unternehmerisch ausgerichtet. Dies bedeutet, dass die absatzseitigen Anforderungen bereits zu Beginn des Wertschöpfungsprozesses in die Leistungserstellung einfließen müssen. Dadurch kommt dem Beschaffungsmarketing eine Wert treibende Funktion im Unternehmen zu, die Kundenanforderungen an den Beschaffungsmarkt weiterzugeben. Die industrielle Entwicklung hat ein Übriges dazu getan: War der Einkauf früher rein auf operative und dispositive Tätigkeiten ausgerichtet, hat sich das Aufgabenfeld im Laufe der Zeit stark erweitert; strategische Überlegungen spielen eine übergeordnete Rolle, und die Prozessorientierung ist unabdingbar mit der Effizienz verbunden. Aus diesem Grund obliegt dem Beschaffungsmarketing die sorgfältige Gestaltung und professionelle Durchführung des gesamten Beschaffungsprozesses. Dem Lieferantenmanagement kommt dabei ein hoher Stellenwert zu.

Mit der Anwendung dieser integrierten Vorgehensweise wird eine für den nachhaltigen Unternehmenserfolg essenzielle Frage beantwortet: Wie lässt sich der Beschaffungsprozess systematisch gestalten und effizient in die wertschöpfende Prozesskette einordnen?

Hier setzt der Integrationsgedanke an, denn der Leistungserstellungsprozess eines Unternehmens setzt sich aus vielen Beteiligten, vielen Einzeltätigkeiten und Abläufen zusammen. Die Klammerfunktion des integrierten Beschaffungsmarketings ist in Abbildung 2.2 über den gesamten Wertschöpfungsprozess von der Forschung und Entwicklung bis zum Vertrieb skizziert. Ohne gezieltes Zusammenwirken wäre keine Wertsteigerung für das Unternehmen möglich.

Damit diese Zielsetzung erreicht werden kann, ist die Anwendung eines systematischen Referenzmodelles erforderlich: Hier wird umfassend aufgezeigt, wie aus der Sicht eines beschaffenden Unternehmens die Prozessorientierung ausgestaltet werden kann. In diesem Zusammenhang erfolgt auch ein Blick auf damit verbundene Tätigkeiten aus anderen Unternehmensbereichen und die daraus resultierenden Schnitt-

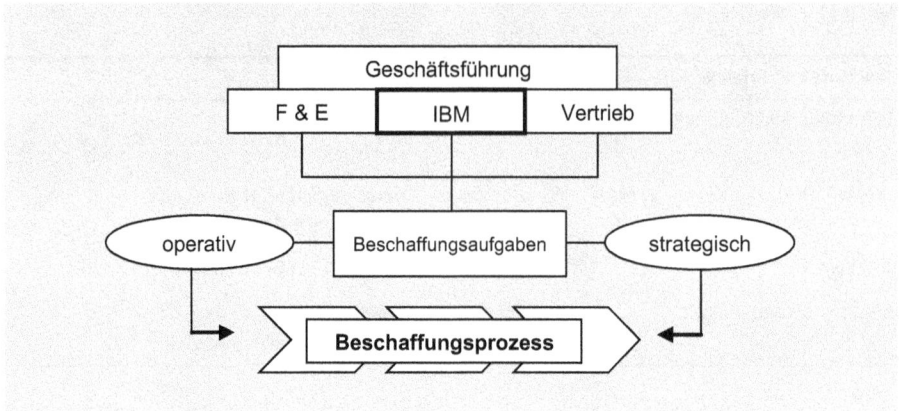

Abb. 2.2: Einordnung des integrierten Beschaffungsmarketings (IBM). F&E: Forschung und Entwicklung

stellen. Durch das prozessorientierte Referenzmodell soll sichergestellt werden, dass die einzelnen Aktivitäten aufeinander abgestimmt werden und den Abhängigkeiten der einzelnen Teilprozesse untereinander im Unternehmen Rechnung getragen wird.

Durch das integrierte Beschaffungsmarketing (IBM) werden folgende Aspekte abgedeckt:

- Die Beschaffungsanforderungen leiten sich vom Absatzmarkt ab.
- Beschaffungsaktivitäten bestimmen den gesamten Wertschöpfungsprozess.
- Das IBM koordiniert die Schnittstellen zu anderen Funktionen.
- Das IBM ist in sich schlüssig und systematisch aufgebaut.

2.7 Handlungsfelder

Das strategische Beschaffungsmanagement als Teil des gesamten Beschaffungsmanagements kann als Schnittmenge der Handlungen des Beschaffungsmanagements und des allgemeinen strategischen Managements bezeichnet werden (vgl. Large 1999, S. 27). Aus dieser Definition heraus müssen Handlungsfelder vorhanden sein, die im Einklang mit den generellen Unternehmenszielen stehen (vgl. Hofbauer/Bauer 2004, S. 4). Abbildung 2.3 (vgl. Large 1999, S. 36) zeigt die Aufgabengebiete des strategischen Beschaffungsmanagements.

Die erfolgreiche Gestaltung des Wandels hin zu einer strategischen Beschaffung verlangt nach dem Einsatz von strategischen Instrumentarien (vgl. Wagner 2001, S. 74), die diese Handlungsfelder abdecken.

Die wichtigsten strategischen Instrumente sind (vgl. Wagner 2001, S. 75–77):
- Beschaffungsprogrammpolitik
  Die Beschaffungsprogrammpolitik umfasst die Festlegung der Beschaffungsobjekte nach Art, Eigenschaft und Qualität.

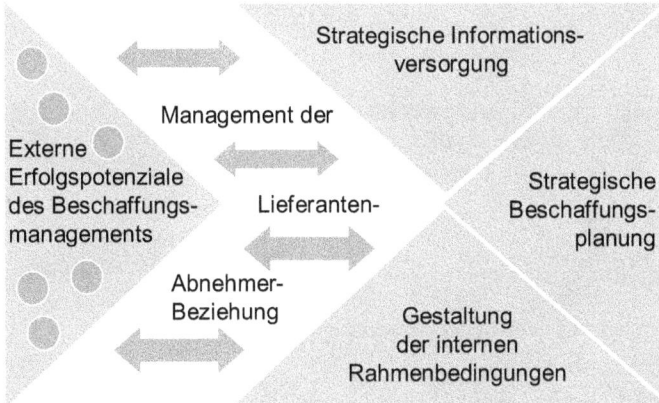

Abb. 2.3: Handlungsfelder des strategischen Beschaffungsmanagements.

- Gestaltung der Sourcingstrategie
  Bezogen auf den Beschaffungsprozess, den Lieferanten, das Teil und die Beschaffungsregion (vgl. Krokowski 2007, S. 444) werden die Strategien definiert.
- Preis- und Konditionenpolitik
  In Abhängigkeit von Preis, Mengen und Konditionen wird versucht, ein Optimum zu erreichen.
- Kommunikationspolitik
  Die Kommunikationspolitik umfasst den Beschaffungsinformationsfluss von intern nach extern und umgekehrt.
- Gestaltung der Beschaffungsorganisation
  Entsprechend der internen und externen Anforderungen muss die Beschaffungsorganisation ausgerichtet werden. Dazu gehören die Gestaltung entsprechender Prozesse sowie der Einsatz prozessunterstützender Management- und Informationssysteme.
- Lieferantenmanagement
  Der Lieferant und die Beziehung zwischen Abnehmer und Lieferant rücken immer mehr in den Fokus. Die Gestaltung der Lieferantenbeziehung ist daher auch als strategisches Handlungsfeld zu kennzeichnen.

Abbildung 2.4 zeigt zusammenfassend die Instrumente des strategischen Beschaffungsmanagements.

Aus den Handlungsfeldern lassen sich drei Hebel identifizieren, welche alle diese Felder überlagern (vgl. Wagner 2001, S. 77):
- Beschaffungsobjekt
- Beschaffungsmarkt
- Lieferant

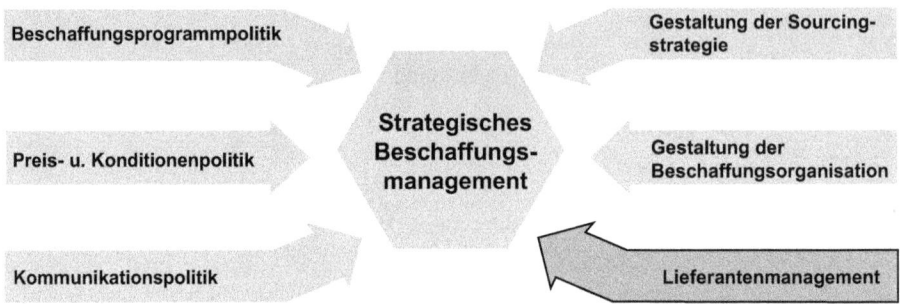

Abb. 2.4: Instrumente des strategischen Beschaffungsmanagements.

Damit werden durch das strategische Beschaffungsmanagement die Fragen geklärt, was, wo, von wem und wie beschafft wird. Der Lieferant und somit das Lieferantenmanagement nehmen also eine wichtige Rolle im strategischen Beschaffungsmanagement ein (vgl. Wagner 2001, S. 77–78).

2.8 Ansatzpunkte für das Lieferantenmanagement

Viele Unternehmen betrachten die Beziehung zu Lieferanten meist unter dem Aspekt der Kosten. Der billigste Lieferant muss aber nicht der günstigste sein. In einem ausgewogenen Beschaffungsmanagementsystem sind Qualitäts- und Terminaspekte sowie Flexibilität und Sicherheit ebenso zu berücksichtigen. Erkennt das Unternehmen die Beschaffung als strategische Aufgabe, dann ist es möglich, die Qualität der eigenen Produkte zu steigern, Risiken zu reduzieren und die Wettbewerbsfähigkeit zu erhöhen (vgl. Hofbauer/Bauer 2004, S. 2). Im Rahmen der Risikoanalyse muss untersucht werden, welche Abhängigkeiten von Lieferanten bestehen (Hofbauer/Sangl 2011, S. 419).

Durch den Ausfall eines Schlüssellieferanten kann das Unternehmen in eine schwere Krise stürzen. Durch Lieferung von Vorprodukten, die nicht in Ordnung sind, können an anderer Stelle hohe Kosten für Nacharbeit, Reparatur und Gewährleistung entstehen (Hofbauer/Rau 2011). Einseitige Abhängigkeiten stärken auch die Verhandlungsposition der Zulieferer und erlauben ihnen, höhere Preise durchzusetzen. Beschaffungsmarktrisiken bestehen somit im Wesentlichen in Form von Preisrisiken bei wesentlichen Zulieferprodukten oder in Form von Versorgungsrisiken einzelner Beschaffungsobjekte. Diesen Risiken kann man aus Unternehmenssicht durch systematisches Beschaffungsmarketing und durch gezieltes Lieferantenmanagement entgegenwirken.

Der vorgestellte Beschaffungsprozess zeigt systematisch die Tätigkeiten auf, wie sie für umfassende Beschaffungsvorgänge durchzuführen sind. Die Integrationswirkung ist darin zu sehen, dass Schnittstellen zu den Lieferanten aufgezeigt werden. Diese Schnittstellen liefern Ansatzpunkte für das Lieferantenmanagement. Diese

Schnittstellen erfordern des Weiteren auch Prozessdaten (durch Lieferantenbewertung, Beschaffungscontrolling etc.) für die Fortführung, Intensivierung und Optimierung der Geschäftsbeziehung.

Das Referenzmodell des Beschaffungsmarketings bildet den Beschaffungsvorgang von Unternehmen ab und kann auch aus Lieferantensicht konsequent auf alle Beschaffungsaktivitäten angewendet werden (vgl. Hofbauer/Hellwig 2009, S. 322 ff). Durch die ganzheitliche Betrachtung des Beschaffungsmanagements ergeben sich wertvolle Ansatzpunkte für die Steigerung der Effektivität und Effizienz im Lieferantenmanagement.

Eine aktive Nutzung des Beschaffungsmarktes führt zu einer Verbesserung von Produktqualität, -technologie und -kosten. Die Maßnahmen, die hierzu ergriffen werden, sollten systematisch und nachhaltig im Rahmen eines Supplier-Relationship-Managements (SRM) gestaltet werden. Dieses sollte in das prozessorientierte Konzept des integrierten Beschaffungsmarketings eingebettet sein. Systematisch entwickelte Partnerschaften tragen zur Wettbewerbsfähigkeit bei und beeinflussen den Unternehmenserfolg positiv, indem beschaffungsseitige Risiken minimiert und die Effizienz erhöht werden.

3 Strategisches Lieferantenmanagement

3.1 Inhalt und Vorgehensweise

Zur Differenzierung und Schaffung von Wettbewerbsvorteilen wird es ständig bedeutender, das Know-how der Lieferanten zur Differenzierung zu nutzen.

Man spricht hier von „externen Erfolgspotenzialen", die auf dem Beschaffungsmarkt erschlossen werden müssen. Damit Lieferantenpotenziale genutzt werden können, bedarf es der Einbindung leistungsfähiger Lieferanten. Der Zugang zu diesen Erfolgspotenzialen muss durch funktionierende Lieferanten-Abnehmer-Beziehungen gesichert werden. Solange keine Geschäftsbeziehungen zu leistungsfähigen Anbietern bestehen, sind diese als ungenutzte Produktivitätskraft zu betrachten. Lieferantenmanagement soll deshalb dafür sorgen, diese „externen Erfolgspotenziale" zu erkennen, zu entwickeln, einzubinden und dauerhaft für das Unternehmen zu nutzen. Das Lieferantenmanagement lässt sich daher gleichsetzen mit dem Management von Lieferanten-Abnehmer-Beziehungen und stellt den Kern des strategischen Beschaffungsmanagements dar (vgl. Large 2006, S. 37–41).

Vor dem Hintergrund, dass über den gesamten Produktlebenszyklus (Hofbauer/Sangl 2011, S. 320 ff.) hinweg mit denjenigen Lieferanten zusammengearbeitet werden muss, welche die Bedürfnisse des Unternehmens am besten befriedigen, kann man auch vom effektiven Gestalten, Lenken und Entwickeln der Lieferantenbeziehungen eines Unternehmens sprechen (vgl. Rink/Wagner 2007, S. 39). Da hierbei das Beziehungsmanagement in den Mittelpunkt rückt, wird auch häufig vom Supplier-Relationship-Management (SRM) gesprochen.

Das Lieferantenmanagement stellt eine Untermenge des Beschaffungs- und Supply Chain Managements dar. Abbildung 3.1 (angelehnt an Kuhn/Hellingrath 2002, S. 13 und Janker 2004, S. 23) zeigt, wie sich das Lieferantenmanagement in das Wertschöpfungsketten- bzw. Beschaffungsmanagement einordnet.

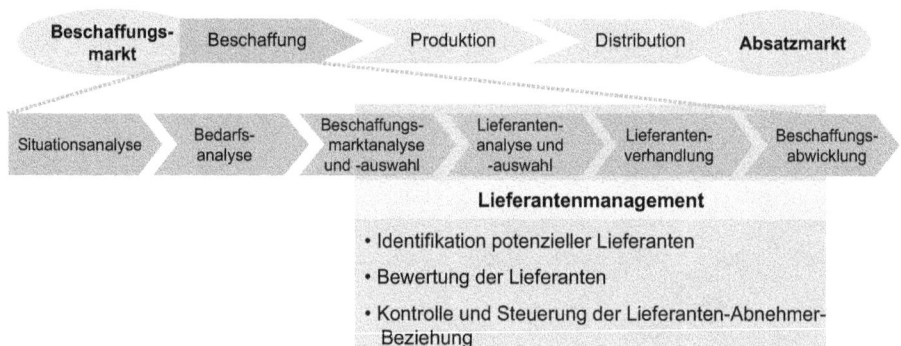

Abb. 3.1: Einordnung des Lieferantenmanagements.

DOI 10.1515/9783110443363-3

Vergleiche zwischen verschiedenen Unternehmen zeigen, dass sich das Lieferantenmanagement auf drei Kernbereiche fokussiert (vgl. Wagner 2003, S. 691).

– Management der Lieferantenbasis
– Lieferantenentwicklung
– Lieferantenintegration

Mit den jeweiligen Kernbereichen sind verschiedene Tätigkeiten verbunden, die zur erfolgreichen Umsetzung des Lieferantenmanagements notwendig sind. Abbildung 3.2 (angelehnt an Wagner 2002, S. 3–4) zeigt diese Tätigkeiten im Überblick.

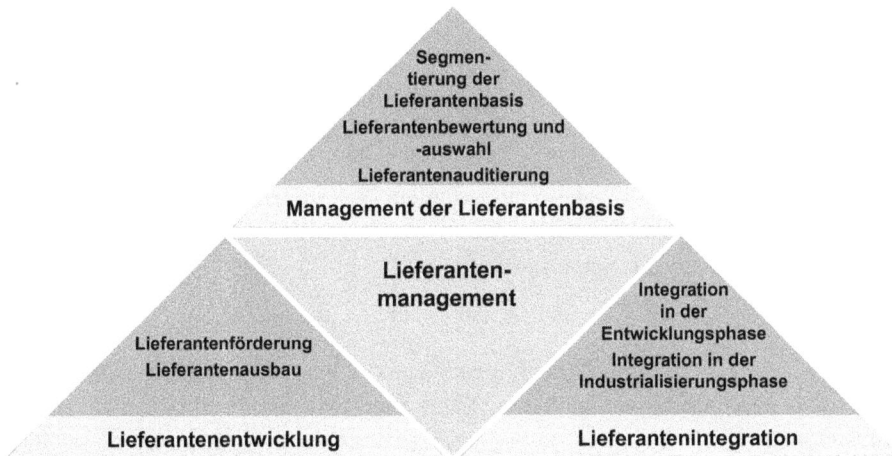

Abb. 3.2: Kernbereiche und Tätigkeiten im Lieferantenmanagement.

3.2 Analyse der Lieferantenstruktur

Um das strategische Lieferantenmanagement zielgerichtet anwenden zu können, müssen zunächst Bereiche identifiziert werden, in denen ein Einsatz erfolgversprechend erscheint. Dazu ist es notwendig, die Lieferantenbasis zu strukturieren und zu analysieren. Darauf aufbauend lassen sich Normstrategien für entsprechende Lieferantensegmente ableiten.

3.2.1 Lieferantensegmentierung

Mithilfe des strategischen Lieferantenmanagements sollen zwei Fragestellungen beantwortet werden (vgl. Arnold 2007, S. 43–44):

1. Mit welchen Lieferanten wird zukünftig zusammengearbeitet?
2. Auf welche Art und Weise wird mit den verschiedenen Anbietern zusammengearbeitet?

Die Zusammenarbeit mit Lieferanten kann sich unterschiedlich gestalten. Abhängig von Beschaffungsobjekt und -markt können unterschiedliche Beschaffungs- und Lieferantenstrategien abgeleitet werden. Daher bedarf es einer genauen Analyse der Lieferantenstruktur, die mithilfe einer Lieferantensegmentierung durchgeführt wird. Bei der Segmentierung kann zwischen einer ein- und mehrdimensionalen Segmentierung unterschieden werden (vgl. Rink/Wagner 2007, S. 40):

Eindimensionale Segmentierung
Die eindimensionale Segmentierung durch die ABC-Analyse dient einem ersten Überblick. Typische Kriterien dafür sind (vgl. Büsch 2007, S. 237–238):
- Beschaffungsvolumen
- Leistungsfähigkeit des Lieferanten bezüglich Technologie, Qualität, Logistik oder Preis
- Entwicklungs- und Fertigungskompetenz
- strategische Bedeutung

Eine der gebräuchlichsten Betrachtungen stellt die Einordnung der Lieferanten nach dem Beschaffungsvolumen dar. Nach dem sog. Pareto-Prinzip machen die A-Lieferanten i. d. R. bis zu 80 % des Beschaffungsvolumens aus. Aus dieser Einteilung lassen sich Aktivitäten mit unterschiedlichem Fokus ableiten. Bleibt man bei der Einordnung nach Beschaffungsvolumen, steht bei A-Lieferanten die Optimierung der Materialkosten z. B. durch eine frühzeitige Lieferantenintegration im Mittelpunkt. Bei C-Lieferanten rückt die Optimierung der Prozesskosten in den Vordergrund (Abbildung 3.3, vgl. Wagner 2002, S. 71). Mögliche Ansätze dafür sind z. B. die Optimierung der Beschaffungsprozesse oder die Erarbeitung von Direktbelieferungskonzepten.

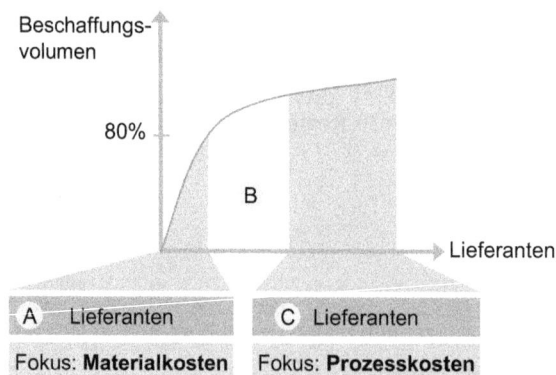

Abb. 3.3: Lieferantensegmentierung mit der ABC-Analyse.

Die ABC-Analyse kann im Rahmen eines Lieferantenmanagements auch für die Materialanalyse genutzt werden. Dabei werden die Materialien nach ihrem Wertbeitrag klassifiziert (vgl. Appelfeller/Buchholz 2005, S. 26). Für die Materialgruppen können dann je nach Einstufung unterschiedliche Strategien, wie z. B. Reduzierung der Lieferantenanzahl bei C-Materialien, abgeleitet werden.

Mehrdimensionale Segmentierung

Um eine differenzierte Segmentierung von Lieferanten zu ermöglichen, wird häufig eine Einteilung in Abhängigkeit von mehreren Kriterien vorgenommen. Das ist vor allem auch dort sinnvoll, wo sich nicht nur die Beschaffungsobjekte, sondern auch die Märkte in ihrer Komplexität stark unterscheiden.

Ein häufig verwendetes Instrument der Segmentierung der Lieferanten ist die Portfolioanalyse. Damit lassen sich strategische Erfolgs- und Handlungsfelder abgrenzen (vgl. Hirschsteiner 2003, S. 83). Es gibt eine Reihe von Beschaffungsportfolios, die sich hinsichtlich der verwendeten Achsen unterscheiden (vgl. Strub 1998, S. 94). Häufig werden folgende zwei Portfolioanalysen verwendet:

– Portfolioanalyse der Beschaffungsgüter

   Das Beschaffungsgüterportfolio in Abbildung 3.4 nimmt eine Einstufung anhand des Einkaufsvolumens und nach dem Versorgungsrisiko des jeweiligen Beschaffungsguts vor (vgl. Wildemann 2002, S. 549). Folgende Beschaffungsgütersegmente ergeben sich daraus:

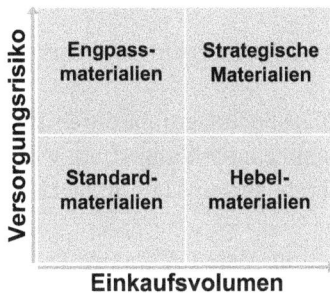

Abb. 3.4: Beschaffungsgüterportfolio.

Im Folgenden werden die vier Materialarten erläutert (vgl. Krokowski 2007, S. 448–450):

Strategische Materialien (z. B. System oder Module) sind Beschaffungsobjekte, die z. T. monopolartige Lieferantenstrukturen aufweisen und zudem mit hohem Know-how des Lieferanten ausgestattet sind. Aufgrund der hohen technologischen und qualitativen Anforderungen sowie der langen Wiederbeschaffungszeit sind diese Objekte mit einem hohen Versorgungsrisiko versehen, sodass hier mit vergleichsweise wenigen Lieferanten zusammengearbeitet wird.

Bei Hebelmaterialien spricht man von Standardteilen bzw. Handelsware. Typisch dafür sind das hohe Einkaufsvolumen und die vergleichsweise hohe Anzahl an Anbietern.

In Relation zu den strategischen Teilen haben Engpassmaterialien ein geringeres Einkaufsvolumen, wodurch sich das Machtgefälle hin zum Lieferanten verschiebt. Dies macht teilweise einen erhöhten Lagerbestand notwendig.

Standardmaterialien („C-Teile") unterscheiden sich von den Hebelmaterialien im erhöhten administrativen Aufwand und im geringen Einkaufsvolumen.

– Portfolioanalyse der Beschaffungsquellen

Das Entwicklungspotenzial eines Lieferanten ist die Bewertungsdimension der x-Achse. Die y-Achse des Portfolios stellt die Angebotsmacht (lieferantenspezifisches Versorgungsrisiko) dar (vgl. Wildemann 2002, S. 549). Demnach gibt es die dargestellten vier Lieferantenklassen:

Abb. 3.5: Beschaffungsquellenportfolio.

Die unterschiedlichen Lieferantenarten können wie folgt charakterisiert werden (vgl. Hartmann 2004, S. 29–30):

Strategische Lieferanten sind bezogen auf die jeweilige Bedarfsgruppe die einzige Beschaffungsquelle, mit der eine langfristige Zusammenarbeit angestrebt wird. Ein hoher Integrationsgrad und daraus resultierende gemeinsame Aktivitäten sind typisch.

Bei Hebellieferanten handelt es sich in aller Regel um viele Lieferanten je Bedarfsgruppe, sodass sich die Zusammenarbeit mittelfristig orientiert. Aufgrund des hohen Lieferantenwettbewerbs besteht ein geringer Integrationsgrad sowie Unabhängigkeit vom Lieferanten.

Engpasslieferanten sind dadurch gekennzeichnet, dass es wenige Alternativen gibt, was bis hin zu desinteressierten Lieferanten führen kann. Da das Einkaufsvolumen relativ unbedeutend für den Lieferanten ist, muss die Verfügbarkeit der Lieferanten gewährleistet werden.

Unkritische Lieferanten sind in vergleichsweise großer Anzahl vorhanden, sodass zwischen vielen verschiedenen Anbietern gewählt werden kann. Das Know-how ist hier nicht entscheidend. Folglich findet hier keine oder nur geringe Lieferantenintegration statt.

In den vergangenen Jahren wurden mit der steigenden Wertschöpfungsauslagerung zunehmend komplette Systeme und Module von einer vergleichsweise geringen Lieferantenanzahl beschafft. Die Zulieferketten veränderten sich dadurch erheblich. Daraus sind Zulieferpyramiden mit sog. Tier-Strukturen entstanden (vgl. Wagner 2003, S. 25), die ebenfalls eine Einteilung der Lieferanten ermöglichen. Wie Abbildung 3.6 zeigt, lassen sich anhand der Lieferantenhierarchie die Komplexität der Beschaffungsobjekte und die Abgrenzung der Wertschöpfung von Lieferant und Abnehmer ablesen (vgl. Hofbauer/Sangl 2011, S. 479 f.).

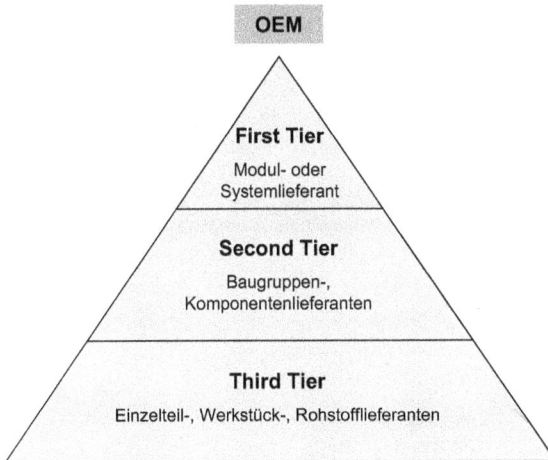

Abb. 3.6: Zulieferpyramide.

3.2.2 Ableitung von Normstrategien

Die beiden Portfolioanalyseansätze können zu einem Beschaffungsgüter-/Beschaffungsquellenportfolio zusammengefasst werden. Diese Kombination ergibt eine in Abbildung 3.7 (vgl. Eyholzer/Kuhlmann/Münger 2002, S. 69) dargestellte 16-Felder-Matrix, die die Grundlage von strategischen Beschaffungsentscheidungen bildet. Je nach Portfolioposition lassen sich entsprechende Normstrategien ableiten (vgl. Wildemann 2002, S. 549).

Eine zusammenfassende Gesamtübersicht zeigt Abbildung 3.8 (angelehnt an Wagner 2003, S. 699). Dort werden die Lieferanten in vier Klassen, abhängig von der Bedeutung des Produkts (z. B. Produktkosten, Anteil an Wertschöpfung oder Gewinn) und der Komplexität des Beschaffungsmarktes (z. B. Anbieterstruktur, Produktkomplexität, Risiken), eingestuft (vgl. Wagner 2003, S. 698–699). In der Darstellung sind diese Lieferantenklassen mit dazugehörigen Normstrategien sowie damit verbundene Maßnahmen und Kooperationsformen zu sehen.

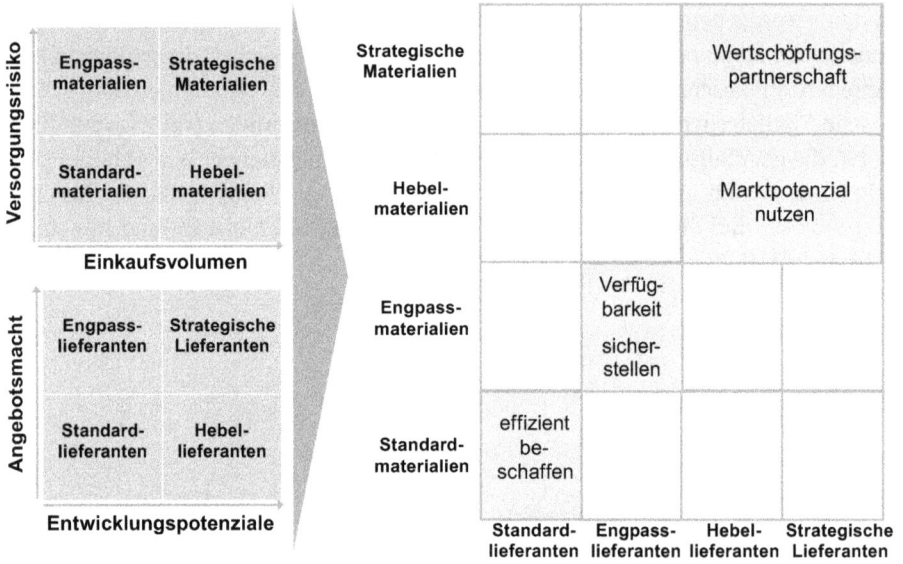

Abb. 3.7: 16-Felder-Matrix mit Normstrategien.

Abb. 3.8: Normstrategien je Lieferantenklasse.

In Anlehnung an die ABC-Analyse nach dem Beschaffungsvolumen lassen sich einerseits strategische Lieferanten mit A-, andererseits Engpass- und Hebellieferanten mit B- und schließlich unkritische Lieferanten mit C-Lieferanten gleichsetzen.

Aus der Matrix wird deutlich, dass zu den strategischen Lieferanten eine enge Beziehung aufgebaut werden sollte (vgl. Rink/Wanger 2007, S. 41), um das Potenzial des Zulieferers zum Aufbau von eigenen Wettbewerbsvorteilen nutzen zu können.

3.3 Strategisches Lieferantenmanagement der Audi AG

Für Audi weisen bestimmte Bauteile und Komponenten eine hohe Komplexität und Kundenrelevanz auf und sind zudem terminkritisch. Diese sog. Schwerpunktteile nehmen einen großen Anteil am Beschaffungsvolumen ein. Angelehnt an die Darstellung in Abbildung 3.8 sind für Audi die Lieferanten der Schwerpunktteile strategische Lieferanten.

Gerade bei Schwerpunktteilen sind für Audi langfristige Partnerschaften wichtig, da die Lieferanten aufgrund der Bauteilkomplexität spezifisches Know-how mitbringen, das zur Differenzierung gegenüber dem Wettbewerb beiträgt. Daher ist es vor allem für dieses Lieferantensegment notwendig, ein strategisches Lieferantenmanagement zu installieren.

3.3.1 Motivation

Die preis- und kostenorientierten Strategien reichen nicht mehr aus. Es ist eine gemeinsame Koordination von Zielen und Aufgaben in den Abnehmer- und Zulieferbeziehungen notwendig (vgl. Garcia Sanz 2007, S. 5). Komplexer werdende Produkte haben regelrechte Lieferantennetzwerke entstehen lassen. Das Konzept des Lieferantenmanagements zur Planung, Gestaltung und Kontrolle einer erfolgversprechenden Zusammenarbeit in diesen Netzwerken wird daher zunehmend zum wichtigsten Erfolgsfaktor in der Beschaffung (vgl. Binder 2007, S. 14).

Beziehungen zu Lieferanten sind mittlerweile zu kritischen Ressourcen von Unternehmen geworden. Gelingt es, die Lieferantenbeziehungen erfolgreich und effektiv zu gestalten, können daraus nachhaltige und bedeutende Wettbewerbsvorteile entstehen (vgl. Wagner 2003, S. 691).

Da mit der zunehmenden Reduzierung der Wertschöpfung die Abhängigkeit von der Lieferantenbasis immer größer wird, sollte jedes Unternehmen seine Lieferanten zur Absicherung der eigenen Lieferfähigkeit und zur Risikominimierung sorgfältig auswählen, beurteilen und entwickeln (vgl. Maron/Brückner 1998, S. 43). Außerdem ist es wichtig, die Lieferanten in den Produktentstehungsprozess zu integrieren, um frühzeitig das Know-how der Zulieferer nutzen zu können und dadurch wettbewerbsentscheidende Technologievorsprünge gegenüber der Konkurrenz zu generieren.

Die Trends sowohl auf dem Absatz- als auch auf dem Beschaffungsmarkt erfordern die Installation eines professionellen strategischen Lieferantenmanagements. Da die

Beschaffung mittlerweile weit mehr ist als nur „Cost-Squeezing", muss mit Lieferanten partnerschaftlich zusammengearbeitet werden.

Wie alle Automobilhersteller und Unternehmen in der Maschinen- und Anlagenbauindustrie, befindet man sich in einem Umfeld zwischen internen Herausforderungen aufgrund notwendiger strategischer Ausrichtung und dem sich ständig verändernden Beschaffungsmarkt. Aus diesen Rahmenbedingungen ergibt sich ein Spannungsfeld im Umgang mit Lieferanten. Neben Innovationen bei höchster Qualität müssen zusätzlich konträre Ziele wie Minimierung der Beschaffungskosten sowie das gesunde Unternehmenswachstum verfolgt werden. Abbildung 3.9 (Quelle: Audi AG) zeigt das Spannungsfeld zwischen Wachstum, Kosten und Lieferanten. Ein professioneller, fachbereichsübergreifender Lieferantenmanagementprozess ist für Audi die notwendige Voraussetzung, um diesen Ansprüchen gerecht zu werden.

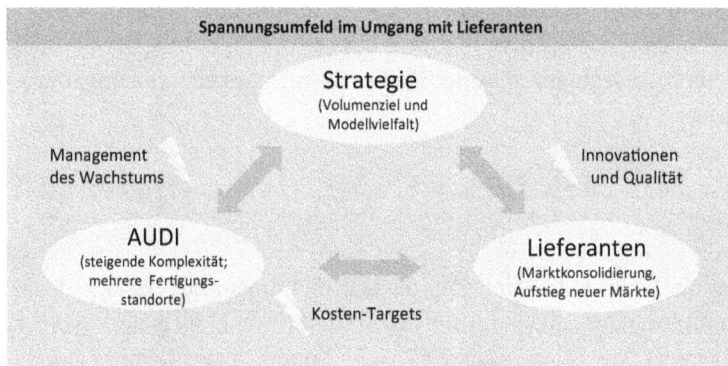

Abb. 3.9: Das Spannungsfeld im Umgang mit Lieferanten.

Automobilhersteller haben ein überwiegend negatives Image im Einkaufsverhalten bei ihren Lieferanten (vgl. Woisetschläger 2007, S. 14). Angesichts veränderter Machtgefälle hin zu den Lieferanten und der zunehmenden Abhängigkeit von Zulieferern setzt Audi genau hier das Lieferantenmanagement an. Entlang eines strukturierten Lieferantenmanagementprozesses werden klare Spielregeln sowohl intern als auch extern kommuniziert, die die Grundlage für eine erfolgreiche Lieferanten-Abnehmer-Beziehung schaffen und einen partnerschaftlichen Umgang ermöglichen.

3.3.2 Ziele des Lieferantenmanagements

Die zunehmende Verlagerung der Wertschöpfung auf die Lieferanten und die dadurch steigende Abhängigkeit stellen die Motivation eines strukturierten Lieferanten-Beziehungsmanagements dar. Aus dieser Motivation heraus verfolgt Audi mit dem Lieferantenmanagement verschiedene Ziele:

- Zugang zu Innovationen sichern
  Veränderte Marktsituationen zwingen die Unternehmen, ständig Innovationen zur Marktreife zu bringen. Die dadurch geschaffenen Wettbewerbsvorteile sind allerdings nur möglich, wenn die moderne Beschaffung den Zugriff auf diese neuen Technologien ermöglicht. Knappe interne Ressourcen erfordern ein ständiges Markt- und Technologiescreening. Mit einem strategischen Lieferantenmanagement soll dazu beigetragen werden, den Zugang zu innovativen Lieferanten sicherzustellen und neue Technologien für das eigene Unternehmen zu nutzen.
- Strukturiertes, strategisches Vorgehen zur Schaffung von Wettbewerb
  Ziel des Lieferantenmanagements ist es auch, einen strategischen Prozess zu integrieren, der eine strukturierte Herangehensweise an den Beschaffungsprozess ermöglicht. Verschiedene Instrumente müssen dazu beitragen, interne sowie externe Schwachstellen aufzudecken und angemessenen Wettbewerb zu schaffen. Dabei dürfen die Qualität und die notwendigen Innovationen nicht fehlen.
- Wirtschaftliche Gesamtbetrachtung
  Durch einen objektiven, transparenten Lieferantenmanagementprozess soll auch die Möglichkeit geschaffen werden, eine Lieferantenbeziehung über ihre gesamte Dauer wirtschaftlich zu betrachten. Neben dem Teilepreis sind weitere Kosten zu berücksichtigen, die über die gesamte Dauer einer Geschäftsbeziehung anfallen, um die Lieferqualität zu optimieren. Lieferantenmanagement soll dabei einen Beitrag zur Senkung der Gesamtkosten (Total Cost of Ownership – TCO) leisten. Bei einer Gesamtwirtschaftlichkeitsbetrachtung muss auch berücksichtigt werden, welchen Wert ein Lieferant bringt. Auch wenn dies nicht immer quantifiziert werden kann, versucht das Lieferantenmanagement von Audi, die Bedeutung der Lieferanten für die Wertgestaltung mit einfließen zu lassen.
- Optimierung des Lieferantenpools
  Mit einem strategischen Lieferantenmanagement sollten Prozesse geschaffen werden, die die Leistungsfähigkeit bestehender Lieferanten maximiert. Im Sinne des modernen Beschaffungsmanagements sollte die statusgerechte Versorgung bei höchster Qualität und minimalem Beschaffungsaufwand sichergestellt werden. Die Erhöhung der Anzahl leistungsstarker Lieferanten und deren langfristige Bindung werden angestrebt. Im Gegenzug muss die Optimierung der Lieferantenzahl in Summe verfolgt werden, was bedeutet, dass schwache Lieferanten auf ein Minimum reduziert werden.
- Risikominimierung
  Einhergehend mit dem Ziel der Optimierung des Lieferantenpools verfolgt das Lieferantenmanagement auch das Ziel, Risiken in einer Lieferanten-Abnehmer-Beziehung zu minimieren. In einer globalisierten Welt nimmt die Anzahl der Risikofaktoren (z. B. Kommunikationsrisiken, Qualitätsrisiken, politische Risiken etc.) zu. Anhand des Lieferantenmanagements sollen die Lieferanten identifiziert werden, die eine reibungslose Geschäftsbeziehung ermöglichen und unter den bekannten Aspekten Qualität, Kosten und Zeit die Teileversorgung sicherstellen.

– Schaffung von Transparenz im Umgang mit Lieferanten
Mithilfe eines systematischen Supplier-Relationship-Managements wird die Schaffung einer einheitlichen Vorgehensweise in der Beschaffung verfolgt. Darauf aufbauend ist es die Zielsetzung, einen zentralen Informationspool zu schaffen, sodass die Kommunikation zum Lieferanten im Sinne eines One-Face-to-the-Supplier-Ansatzes einheitlich gelebt werden kann.

Abgeleitet aus der strategischen Perspektive, werden mit einem Supplier-Relationship-Management konkrete operative Ziele verfolgt:
– Verbesserung der Projektarbeit
Da Autos immer komplexer und innerhalb einer Modellreihe im Sinne von Kundenindividualisierung derivatisiert werden, wird das Fahrzeugentwicklungsprojekt zu einem zentralen Erfolgsfaktor. Audi hat eine Modelloffensive gestartet, die nur mit einem professionellen Projekt- und Terminmanagement gestemmt werden kann. Das Lieferantenmanagement spielt dabei eine zentrale Rolle, in dem man die Auswahl der besten Zulieferpartner sicherstellt. Zu den besten Lieferanten gehören diejenigen, die durch ihre Leistung und Kooperationsfähigkeit den termingerechten Projektverlauf sicherstellen und so die Projektsteuerung verbessern.
– Kostenkontrolle
Im Zuge der verbesserten Projektarbeit verfolgt Audi das Ziel, die Kosten zu kontrollieren. Änderungskosten und Gewährleistungskosten sollen im Sinne eines Gesamtkostenansatzes minimiert werden.
– Maximierung des Qualitätsniveaus
Mit der Vision, erfolgreichste Premiummarke zu werden, steht das Thema Qualität an oberster Stelle der Unternehmensstrategie. Da der überwiegende Anteil der Wertschöpfung eines Audi-Modells von den Zulieferpartnern erstellt wird, setzt auch hier das Lieferantenmanagement an und strebt nach der Maximierung der Qualität.

Tabelle 3.1 (Quelle: Audi AG) fasst die strategischen und operativen Ziele zusammen, die Audi mit dem strategischen Lieferantenmanagement verfolgt.

3.3.3 Der strategische Prozess und seine Phasen

Audi hat seinen strategischen Lieferantenmanagementansatz aus der Praxis heraus entwickelt. Dadurch wird in Kombination mit klaren Regeln und Verantwortlichkeiten funktionsübergreifende Transparenz sowie Akzeptanz geschaffen. Um eine systematische Vorgehensweise sicherzustellen, muss der Prozess in einzelne Teilprozesse zerlegt werden können.

Tab. 3.1: Konkretisierung der Zielsetzung bei Audi. TCO: Total Cost of Ownership; ppm: parts per million.

Strategische Ziele	Operative Ziele
– Erhöhung der Anzahl der leistungsstarken Lieferanten und langfristige Bindung – Optimierung der Anzahl an Lieferanten – Minimierung der Risiken – Zugang und Sicherung von Innovationen langfristig sicherstellen – globalen Wettbewerb sicherstellen und ausbauen – Senkung der Gesamtkosten über Laufzeit (TCO im Vergabeprozess) – Wirtschaftlichkeit gewährleisten	– Verbesserung der Projektsteuerung und Termintreue – Minimierung des Betreuungsaufwands für Lieferanten in allen Geschäftsbereichen – Senkung der Änderungskosten – Senkung der Gewährleistungskosten – Senkung der Ausfallrate (ppm)

Für eine ganzheitliche Anwendung und Integration des Lieferantenmanagements als Prozess unterteilt Audi das Lieferantenmanagement in sechs Teilphasen (vgl. Abbildung 3.10).

Lieferantenmanagementprozess

Lieferanten-scouting | Lieferanten-bewertung | Lieferanten-klassifizierung | Lieferanten-entwicklung | Lieferanten-auswahl | Lieferanten-integration

Abb. 3.10: Teilprozesse des Lieferantenmanagements.

Lieferantenscouting

Lieferantenmanagementprozess

Lieferanten-scouting | Lieferanten-bewertung | Lieferanten-klassifizierung | Lieferanten-entwicklung | Lieferanten-auswahl | Lieferanten-integration

Abb. 3.11: Einordnung des Lieferantenscoutings.

Lieferantenscouting ist der Ausgangsprozess des Lieferantenmanagements. In Zeiten von teilweise konfliktären Trends wie Marktwachstum auf der einen, aber Lieferantenkonsolidierung auf der anderen Seite ist es notwendig, aktiv nach noch unbekannten Lieferanten mit Potenzial zu suchen. Erst wenn die entsprechenden Beschaffungsquellen zur Verfügung stehen, kann ein erfolgreicher Lieferantenmanagementprozess durchgeführt werden.

Audi sucht in der ersten Phase des Lieferantenmanagements aktiv nach neuen, unbekannten Lieferanten, die das Potenzial besitzen, bei der Umsetzung der Unternehmens- und Beschaffungsstrategie erfolgreich mitzuwirken.

Lieferantenbewertung

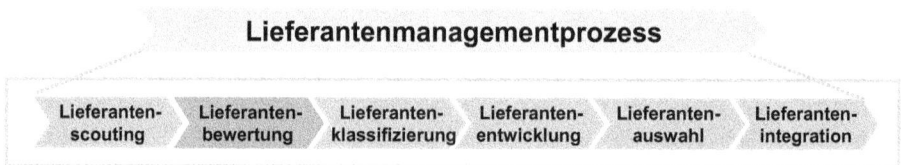

Lieferantenmanagementprozess

| Lieferanten-scouting | Lieferanten-bewertung | Lieferanten-klassifizierung | Lieferanten-entwicklung | Lieferanten-auswahl | Lieferanten-integration |

Abb. 3.12: Einordnung der Lieferantenbewertung.

Mit der Lieferantenbewertung sollen die Stärken und Schwächen der Leistungen eines Lieferanten umfassend dargestellt werden. Um die Ergebnisse so aussagekräftig wie möglich zu machen, ist eine fachbereichsübergreifende Bewertung heranzuziehen (crossfunktionale Bewertung).

Die Bewertung legt einen vergleichbaren Maßstab für die Lieferleistungen an und ist somit die Grundlage für das Management der Lieferanten (vgl. Hoffmann/Lumbe 2002, S. 633). Neben der rechtzeitigen Identifikation von Zulieferproblemen stellt die Bewertung auch ein Instrument zur Risikominimierung bei zukünftigen Auswahlentscheidungen dar (vgl. Rink/Wagner 2007, S. 44). In technologiegetriebenen Branchen ist es von Bedeutung, neben der Serienleistung bereits die Entwicklungsleistung eines Lieferanten zu bewerten. Audi hat deshalb eine Bewertungssystematik entwickelt, mit der ein Lieferant entlang des gesamten Produktentstehungsprozesses bewertet werden kann.

Lieferantenklassifizierung

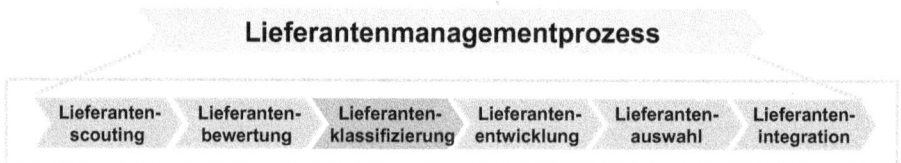

Lieferantenmanagementprozess

| Lieferanten-scouting | Lieferanten-bewertung | Lieferanten-klassifizierung | Lieferanten-entwicklung | Lieferanten-auswahl | Lieferanten-integration |

Abb. 3.13: Einordnung der Lieferantenklassifizierung.

Nach der Lieferantenbewertung folgt die Lieferantenklassifizierung. Diese findet als eigener Prozessschritt statt. Um das Hauptziel des Lieferantenmanagements, die Optimierung der Lieferantenbasis, zu erreichen, ist die Klassifizierung der notwendige Schritt nach der Bewertung und findet deshalb hier die nötige Aufmerksamkeit. Neben der reinen Bewertung der Lieferantenleistung müssen hierbei speziell auch strategische Aspekte berücksichtigt werden. Diese Kombination bildet die Grundlage, um übergeordnete Strategien, sog. Werkstoffgruppenstrategien, zu definieren und die Leistungsdichte des Lieferantenpools zu maximieren. Daher ist es notwendig, dass die Lieferantenklassifizierung als ein eigener Hauptprozessschritt des Lieferantenmanagements durchgeführt wird.

Dieser Schritt ist bei Audi aus Praxiserkenntnissen entstanden. Durch die Klassifizierung können Handlungsempfehlungen zugeordnet werden. Nur so kann eine transparente, objektive Werkstoffgruppenstrategie mit dem Ziel der Optimierung des Lieferantenpools umgesetzt werden.

Lieferantenentwicklung

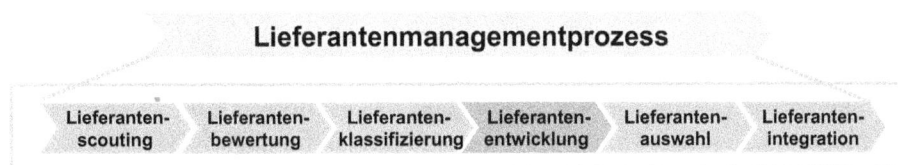

Lieferantenmanagementprozess

| Lieferanten-scouting | Lieferanten-bewertung | Lieferanten-klassifizierung | Lieferanten-entwicklung | Lieferanten-auswahl | Lieferanten-integration |

Abb. 3.14: Einordnung der Lieferantenentwicklung.

Die Lieferantenentwicklung basiert auf den Ergebnissen der Lieferantenbewertung und -klassifizierung. Auf Grundlage der Bewertungsergebnisse können Maßnahmen zur Auswahl und zur aktiven Unterstützung des Lieferanten für die Verbesserung seiner Leistungsfähigkeit abgeleitet werden (vgl. Appelfeller/Buchholz 2005, S. 48). Abhängig von der strategischen Bedeutung der Lieferanten kann die Entwicklung mit unterschiedlicher Intensität seitens des Abnehmers durchgeführt werden.

Neben der Entwicklung bestehender Lieferanten kann im Zusammenhang mit der Lieferantenentwicklung auch der Lieferantenaufbau genannt werden. Darunter wird die Entwicklung eines unbekannten oder potenziellen Lieferanten verstanden, um beispielsweise für bestimmte Beschaffungsobjekte einen größeren Wettbewerb zu schaffen und dadurch bessere Preise zu erzielen (vgl. Wagner 2002, S. 15).

Der Lieferantenentwicklungsprozess von Audi garantiert, dass zur Lieferantenauswahl die besten Lieferanten zur Verfügung stehen. Die möglichen Handlungen in der Entwicklung reichen von der aktiven Unterstützung bis zur Eigenoptimierung des Lieferanten. Sollten die Entwicklungsmaßnahmen keinen Erfolg zeigen, reichen die Konsequenzen von der Volumenreduzierung bis zur Ausphasung von Lieferanten.

Lieferantenauswahl

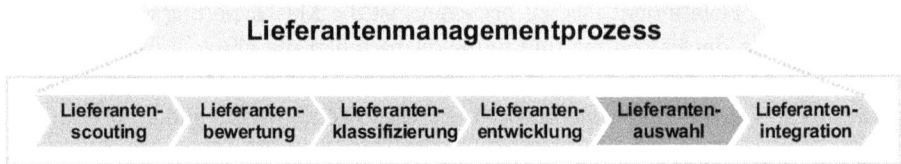

Lieferantenmanagementprozess

| Lieferanten-scouting | Lieferanten-bewertung | Lieferanten-klassifizierung | Lieferanten-entwicklung | Lieferanten-auswahl | Lieferanten-integration |

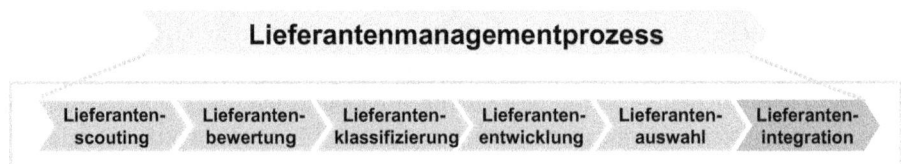

Abb. 3.15: Einordnung der Lieferantenauswahl.

In dieser Phase steht die Auswahl des jeweiligen Lieferanten im Mittelpunkt, der den Ansprüchen des Abnehmers am besten entspricht. Die Auswahlentscheidung wird nicht nur aufgrund des Angebotspreises getroffen. Qualitative Faktoren wie Zusammenarbeit, Kooperationsform und Innovation sind mittlerweile genauso wichtig wie die traditionellen Kriterien Preis, Qualität oder Logistik (vgl. Rink/Wagner 2007, S. 43). Ein praxisorientierter Ansatz ist die Lieferantenauswahl als gemeinsamer fachbereichsübergreifender Prozess.

Grundsätzlich können bekannte oder unbekannte Lieferanten ausgewählt werden. Bei unbekannten Lieferanten wird unter Zuhilfenahme von Lieferantenbeurteilungen versucht, das Risiko einer folgenschweren Fehlentscheidung zu minimieren (vgl. Rink/Wagner 2007, S. 42–43). Bei bekannten Lieferanten stehen dagegen bereits Erfahrungswerte zur Verfügung, aus denen Rückschlüsse auf mögliche Risiken gezogen werden können.

Aus der strategischen Logik heraus ist es sinnvoll, die Lieferantenentwicklung vor der Auswahlentscheidung durchzuführen. Nur so kann die Lieferantenbasis rechtzeitig optimiert und die maximale Lieferantenleistung sichergestellt werden. Audi zielt mit dieser Vorgehensweise auf das „Frontloading" ab. Dabei wird der Projektaufwand in die frühe Entwicklungsphase verlagert, um in Summe weniger Aufwand bei der Projektumsetzung zu haben. Häufiges Trouble Shooting in Form von intransparentem Problemlösungsmanagement in der Endphase eines Projekts soll damit minimiert werden.

Lieferantenintegration

Lieferantenmanagementprozess

| Lieferanten-scouting | Lieferanten-bewertung | Lieferanten-klassifizierung | Lieferanten-entwicklung | Lieferanten-auswahl | Lieferanten-integration |

Abb. 3.16: Einordnung der Lieferantenintegration.

Für die Unternehmen in entwicklungsintensiven Industrien wird es entscheidend sein, die Wertschöpfungs- und Entwicklungspotenziale der Lieferanten zu nutzen. Das gemeinsame Ziel von Hersteller und Lieferant liegt darin, in Zeiten verkürzter Produktlebenszyklen und reduzierter Margen gemeinsam marktgerechte Produkte mithilfe von integrierten Prozessen und Tools herzustellen (vgl. Langemann/Röhrig 2002, S. 32). Die frühzeitige Einbindung des Lieferanten ist daher für Audi sehr wichtig, um neben der Verringerung der Herstellungskosten vor allem hinsichtlich Innovationen und neuen Technologien das externe Know-how zu nutzen.

Innerhalb des Lieferantenmanagements wird neben der Integration in der Entwicklungsphase die Integration in der Industrialisierungsphase unterschieden. Dazu zählen gemeinsame Aktivitäten zur Verbesserung der Produktions- und Logistikprozesse sowie zur kontinuierlichen Verbesserung der Beschaffungsobjekte sowie Endprodukte (vgl. Wagner 2002, S. 102 u. 110). Neben der frühzeitigen Einbindung der Lieferanten in die Entwicklungsphase wird bei Audi auch auf die Lieferantenintegration in der Produktionsanlaufphase sehr viel Wert gelegt. In dieser Phase werden die Weichen gestellt, damit die Kaufteile statusgerecht zur Verfügung stehen.

3.4 Schnittstellen des Lieferantenmanagements

Zur erfolgreichen Integration des Lieferantenmanagements müssen die notwendigen Schnittstellen identifiziert werden, um aufeinander abgestimmte Abläufe schaffen zu können. Dabei ist zwischen organisatorischen und thematischen Schnittstellen zu unterscheiden.

3.4.1 Organisatorische Schnittstellen

Das Lieferantenmanagement stellt eine Querschnittsfunktion dar, woraus auch abnehmerintern verschiedene Schnittstellen entstehen, die es zu koordinieren gibt, um den größtmöglichen Nutzen zu schaffen. Die Umsetzung des Lieferantenmanagements erfolgt über die Fachbereiche, die unmittelbar am Produktentstehungsprozess beteiligt sind: Einkauf, Qualitätssicherung, Entwicklung sowie Produktion und Logistik. Dieser crossfunktionale Ansatz fördert die Qualität und Akzeptanz des Supplier-Relationship-Managements (vgl. Hoffmann/Lumbe 2002, S. 93). Zudem macht die Verantwortung eines jeden Fachbereichs im Produktentstehungsprozess dessen Beteiligung am Lieferantenmanagement notwendig.

Neben den internen Schnittstellen sind auch externe Schnittstellen zu den Lieferanten einzubeziehen. Um die Prozesse umsetzen zu können, müssen vor allem Informations- und Kommunikationsflüsse sichergestellt werden.

Abbildung 3.17 zeigt sowohl die internen als auch die externen Schnittstellen. Aus der Darstellung wird deutlich, dass das Lieferantenmanagement die Möglichkeit zur

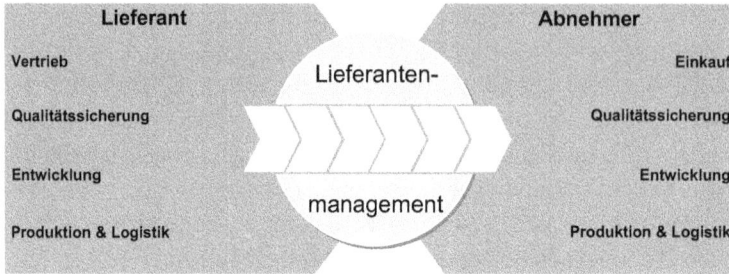

Abb. 3.17: Interne und externe Schnittstellen des Lieferantenmanagements.

Umsetzung eines One-Face-to-the-Supplier-Ansatzes und somit einer einheitlichen Kommunikationsbasis schafft.

Die Organisationsstrukturen sind entlang des Produktentstehungsprozesses (Hofbauer/Sangl 2011, S. 320 ff.) ausgerichtet, um größtmögliche Prozess- und Kundenorientierung zu gewährleisten. Der Beschaffungsprozess in der Produktentstehung startet im Sinne einer modernen Beschaffung bereits in der frühen Phase. Dadurch können Lieferanteninnovationen zur Stärkung der eigenen Wettbewerbsfähigkeit genutzt werden. Das Lieferantenmanagement trägt dazu bei, die leistungsfähigsten Lieferanten für das Unternehmen heranzuziehen. Folglich bestehen prozessuale Schnittstellen zwischen dem Beschaffungs- und dem Lieferantenmanagementprozess (vgl. Abbildung 3.18).

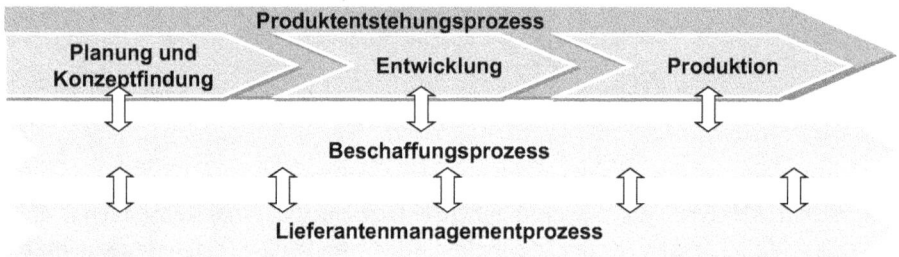

Abb. 3.18: Prozessschnittstellen des Lieferantenmanagements.

3.4.2 Inhaltliche Schnittstellen

Lieferantenmanagement bezieht mehrere Perspektiven mit ein, deren Grundverständnis Voraussetzung sein sollte, um es in seiner Ganzheit richtig verstehen und einsetzen zu können. Dazu gehören insbesondere die Austauschrelationen zwischen Lieferanten und Abnehmern und der daraus entstehende Total-Cost-of-Ownership-Ansatz.

Austauschrelation aus Lieferanten- und Abnehmersicht

Die Austauschrelationen bilden die Wertdimensionen im Supplier-Relationship-Management ab. Diese Werte setzen sich aus Nutzen- und Kostenbestandteilen für den Lieferanten und den Abnehmer zusammen. Die genaue Kenntnis der Zusammensetzung dieser Bestandteile ist Voraussetzung für eine zielorientierte Argumentation im Lieferantenmanagement.

Durch Lieferant und Kunde werden Leistung und Gegenleistung festgelegt. Das Beschaffungsobjekt stellt für beide Seiten die Basis für Nutzen und Kosten dar. Aber auch die Herbeiführung der Transaktion ist auf beiden Seiten mit Kosten und Nutzen verbunden. Mit jeder Transaktion werden auch Folgewirkungen erzielt. Man kann in dieser Hinsicht zwischen Folgenutzen und Folgekosten unterscheiden. In Tabelle 3.2 sind Nutzen- und Kostenelemente einer Transaktion zusammengefasst (vgl. Kleinaltenkamp/Plinke 2000, S. 45).

Tab. 3.2: Nutzen- und Kostenbestandteile von Transaktionen.

	Art des Wertes	
	Nutzen	**Kosten**
Wert des Beschaffungsobjekts	Nutzen aus dem Beschaffungsobjekt (Leistungsnutzen)	Kosten für Bereitstellung des Beschaffungsobjekts (Leistungskosten)
Wert der Durchführung der Transaktion	Transaktionsnutzen, z. B. aus Lieferantenmanagement	Transaktionskosten z. B. durch Lieferantenmanagement
Wert der Folgewirkung	Folgenutzen	Folgekosten

Diese Kosten- bzw. Nutzenbestandteile lassen sich nun nach Lieferanten- und Abnehmerperspektive unterscheiden (vgl. Kleinaltenkamp/Plinke 2000, S. 44–50).

Lieferantenperspektive

Der Nutzen des Lieferanten lässt sich in der Wertgenerierung für den Abnehmer sehen, die letztendlich mit der Bezahlung des Kaufpreises ausgedrückt wird (Leistungsnutzen).

Positive Effekte entstehen dem Zulieferer auch durch die Anbahnung oder während einer Geschäftsbeziehung. Die darin mit dem Abnehmer gewonnenen Erfahrungen dienen dazu, den Kundenbedarf zu spezifizieren und kundenorientiert im Sinne der Regeln des Lieferantenmanagements zu agieren (Transaktionsnutzen).

Als Folgenutzen können die vertiefte und gefestigte Geschäftsbeziehung mit dem Kunden genannt werden. Strategische Kooperationen sind mögliche positive Konsequenzen. Darüber hinaus ergeben sich für Lieferanten durch Referenzen aus bestehenden Beziehungen Ausstrahlungseffekte auf andere Abnehmer.

Die Kosten des Lieferanten umfassen alle Kosten, die durch Entwicklung, Beschaffung, Herstellung und Vermarktung aufgewendet werden müssen, um das Beschaffungsobjekt statusgerecht liefern zu können (Leistungskosten).

Als Transaktionskosten können alle Kosten für die Anbahnung und Durchführung der Geschäftsbeziehung zusammengefasst werden. Als Beispiele sind hier u. a. Kosten für die Lieferantenqualifizierung sowie Angebotserstellung vor bzw. Kontroll- und Anpassungsmaßnahmen während der Vertragslaufzeit zu nennen. Im Rahmen des Lieferantenmanagements können Lieferantenentwicklungsmaßnahmen zur Steigerung der Leistungsfähigkeit Kostenfaktoren darstellen.

Durch eine Lieferbeziehung können dem Lieferanten auch zukünftig weitere Kosten, sog. Folgekosten, entstehen (z. B. Kosten durch die Verpflichtung zur Lieferbereitschaft von Ersatzteilen oder durch das Eingehen von Kooperationen als Ansatzpunkt für weitere Anschlussgeschäfte).

Abnehmerperspektive

Der Nutzen für den Abnehmer liegt in der Nutzung des produzierten und gelieferten Beschaffungsobjekts, das zur Wertschaffung für den Endkunden dient (Leistungsnutzen).

Zur Anbahnung und während einer Geschäftsbeziehung findet ein Informations- und Know-how-Transfer statt. Im Sinne eines Lieferantenmanagements gelingt es, Vertrauen aufzubauen und Beschaffungskosten zu senken (Transaktionsnutzen).

Als Folgenutzen können zukünftige Geschäftsmöglichkeiten entstehen. Voraussetzung ist eine positive Bewertung aktueller Lieferbeziehungen. Aus Erfahrungswerten können positive Effekte für Folgegeschäfte generiert werden, z. B. in Form von bewährten Logistikprozessen. Diese Verbesserungsmöglichkeiten müssen durch das Lieferantenmanagement identifiziert werden.

Der wesentliche Kostenblock für den Abnehmer besteht in den Kosten, die direkt durch die erbrachte Lieferleistung verursacht werden (Leistungskosten). Diese Kosten bestehen aus dem Anschaffungspreis und den dadurch verursachten weiteren Kosten über die Lebensdauer (Life Cycle Cost).

Der Abnehmer muss Transaktionskosten aufwenden, um die gewünschte Transaktion des für ihn optimalen Beschaffungsobjekts herbeizuführen. Dazu gehört die Durchführung der relevanten Phasen des Beschaffungsmanagements, insbesondere des Beschaffungsprozesses und des Lieferantenmanagements.

Folgekosten sind auch aus der Sicht des Abnehmers zu beachten. Bei Leistungsabfall des Lieferanten können Kosten für die Lieferantenentwicklung oder gar für einen Lieferantenwechsel entstehen.

Tabelle 3.3 zeigt alle Nutzen- und Kostenelemente einer Transaktion im Überblick (vgl. Kleinaltenkamp/Plinke 2000, S. 50).

Tab. 3.3: Kosten- und Nutzenelemente aus Lieferanten- und Abnehmersicht.

	Nutzenelemente Leistungsnutzen	Transaktionsnutzen	Folgenutzen
Lieferantensicht	Kaufpreis, Zusatzleistungen	Informationen durch Lieferantenmanagement, Know-how-Zuwachs	Referenznutzen, Kooperationsnutzen
Abnehmersicht	Nutzungspotenzial des Produkts	Know-how-Zuwachs, Sicherheit durch Lieferantenmanagement	Sicherheit, Kostensenkung

	Kostenelemente Leistungskosten	Transaktionskosten	Folgekosten
Lieferantensicht	Herstellkosten	Vertriebskosten, Aufwand für Lieferantenmanagement	Bereitschaftskosten, Kooperationskosten
Abnehmersicht	Anschaffungskosten, Life Cycle Cost	Beschaffungskosten, Lieferantenmanagement durchführen	Kosten für Lieferantenwechsel

Für das Lieferantenmanagement ist die Kenntnis der Kosten eine wichtige Ausgangsbasis, um im Sinne des Gesamtkostenansatzes (Total Cost of Ownership) handeln zu können.

Total Cost of Ownership (TCO)

TCO bezieht alle Kosten mit ein, die für den Erwerb eines Produkts zusätzlich zum Einstandspreis anfallen (vgl. Kerkhoff 2006, S. 38) und durch die Nutzung im Zeitablauf entstehen. Die durch die Globalisierung steigende Komplexität in der Beschaffung fordert Instrumente, durch die alle Risiken und Folgekosten transparent gemacht werden können (vgl. Krokowski 1993, S. 8). Mit dem TCO-Ansatz sollen alle Kosten erfasst werden, die im Zusammenhang mit einer Abnehmer-Lieferanten-Beziehung anfallen. TCO ist eine Philosophie, um alle Kosten entlang der Versorgungskette aufzudecken, die in einer Geschäftsbeziehung mit einem bestimmten Lieferanten für ein bestimmtes Produkt bzw. für eine bestimmte Dienstleistung anfallen. Die relevanten Kosten sind hierbei die Kosten der Akquisition, der Nutzung und Abwicklung, Instandhaltung sowie Entsorgung eines bestimmten Produkts (vgl. Ellram 2002, S. 661). Anhand des Eisbergmodells in Abbildung 3.19 (vgl. Ellram/Edis 1996, S. 23) kann verdeutlicht werden, dass der Preis nur einen Teil der Gesamtkosten ausmacht.

Der TCO-Ansatz bezieht sich auf zwei Entscheidungsebenen (vgl. Krokowski 1993, S. 9–11):

Zum einen umfasst der TCO-Ansatz alle Kostenparameter, die unmittelbar mit der Lieferantenauswahl in Verbindung stehen (mikroökonomische Entscheidungsebene). Dazu gehören sowohl direkte als auch indirekte Kosten, wie z. B. Bezugspreis, Ent-

Abb. 3.19: Eisbergmodell – Total Cost of Ownership.

wicklungs- und Werkzeugkosten oder Kosten für die Lieferantenunterstützung. Daneben sind noch Kriterien mit einzubeziehen, die die gesamte Leistungsbereitschaft des Lieferanten widerspiegeln. Hierbei kann eine Lieferantenbewertung ihren Beitrag leisten, indem sie Aspekte wie Technologie, Qualität, Lieferbereitschaft und Service berücksichtigt.

Zum anderen wird im TCO-Konzept das gesamte Umfeld des zukünftigen Lieferanten berücksichtigt (makroökonomische Entscheidungsebene). Kriterien dafür sind beispielsweise das Bezugsland, politische Risiken, Marktbedingungen und Marktpreise.

Der TCO-Ansatz betrachtet alle Hauptkostenaspekte sowie die Kosten, die für die Auswahlentscheidung relevant sind (vgl. Ellram 2002, S. 661). Zur Umsetzung des Konzepts ist die Ermittlung der entsprechenden Kostenbestandteile nötig. Diese sind in erster Linie von dem Beschaffungsobjekt und den Anforderungen des beschaffenden Unternehmens abhängig. Zur Ermittlung der Kostenfaktoren ist eine detaillierte Tätigkeitsanalyse erforderlich, die die anfallenden Teilprozesse und die dabei anfallenden Kosten während des Beschaffungs- und Produktentstehungsprozesses transparent macht (vgl. Müller 2002, S. 171 u. 173).

Die folgende Abbildung 3.20 (angelehnt an Müller 2002, S. 173) zeigt den Kostenvergleich mit relevanten Kostenfaktoren. Es wird deutlich, dass der Anbieter mit dem günstigsten Angebotspreis nicht der günstigste im Hinblick auf die Gesamtkosten sein muss.

Einordnung des TCO-Konzepts in das Lieferantenmanagement

Der TCO-Ansatz versucht die gesamten Kosten, die vor und während einer Geschäftsbeziehung mit dem Lieferanten anfallen, zu berücksichtigen. Das Lieferantenmanagement als Management von Lieferanten-Abnehmer-Beziehungen kann die Total Cost of Ownership sowohl in der Lieferantenauswahl, -bewertung als auch in der Lieferantenentwicklung berücksichtigen (vgl. Müller 2002, S. 170).

Der Gesamtkostenansatz stellt ein passendes Instrument dar, um die Lieferantenauswahlentscheidung transparent zu gestalten und zeitgleich zu verkürzen. Allerdings kann die Identifizierung aller relevanten Beschaffungskostenbestandteile in

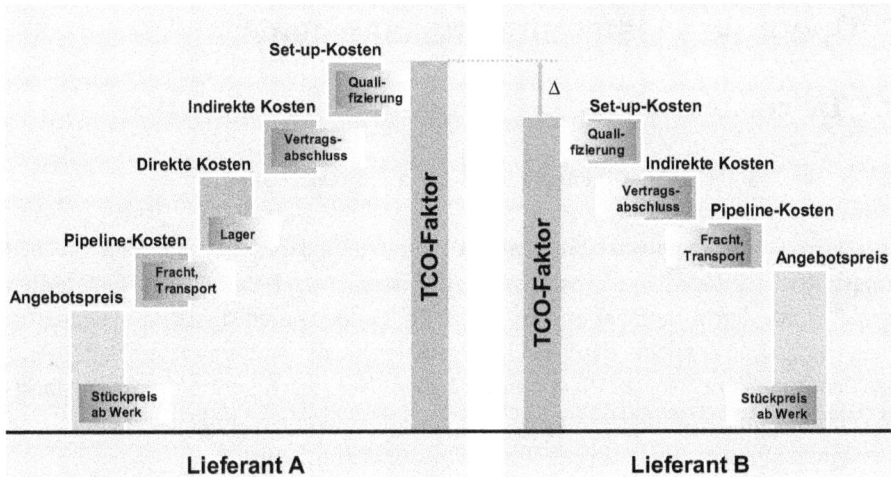

Abb. 3.20: Lieferantenanalyse mit TCO-Kostenfaktoren.

einem komplexen Produktentstehungsprozess sehr schwierig sein. Dies bringt außerdem einen nicht zu bewältigenden Aufwand mit sich. In einem mehrstufigen Lieferantennetzwerk ist eine verursachungsgerechte Zuteilung von entstandenen Mehrkosten kaum möglich. Die Konzentration auf bestimmte, klar zu erfassende und bedeutende Zusatzkosten ist daher notwendig. Der Gesamtaufwand kann durch qualitative Konzepte in der Lieferantenbewertung zum Ausdruck gebracht werden. Es ist nicht entscheidend, die Zusatzkosten centgenau darzustellen. Vielmehr reicht eine Vergleichsbasis aus, die eine klare Tendenz der Gesamtkostenentwicklung erkennen lässt.

4 Operatives Lieferantenmanagement

4.1 Lieferantenscouting

4.1.1 Definition und Einordnung in das Beschaffungsmarketing

Das aktive und systematische Suchen nach neuen, unbekannten Lieferanten mit Leistungspotenzialen wird als Lieferantenscouting bezeichnet. Dabei wird auf Lieferanten abgezielt, die dem Abnehmer und auch dem Endkunden einen Mehrwert wirtschaftlicher, technologischer oder ökologischer Art bieten. In der modernen Beschaffung hat das Scouting seinen festen Platz eingenommen. Nur durch kontinuierliches Marktscreening kann gewährleistet werden, die besten Lieferanten zunächst identifizieren zu können und anschließend mit diesen zusammenzuarbeiten.

Lieferantenscouting kann als die Schnittmenge aus Beschaffungsmarktforschung und Lieferantenmanagement bezeichnet werden, da der Suchprozess Bestandteil beider Beschaffungswerkzeuge ist. Zur Analyse des Beschaffungsmarktes gehören drei Hauptphasen (vgl. Schumacher/Schiele/Contzen/Zachau 2008, S. 49):

1. Bedarfsanalyse: Identifikation der Anforderungen hinsichtlich Bedarfsstruktur und -menge;
2. Marktanalyse: Identifikation der Beschaffungsmärkte, in denen die Anforderungen der Bedarfsanalyse erfüllt werden können;
3. Lieferantenanalyse: Identifikation der Lieferanten, die für die Erfüllung eines Beschaffungsvorhabens potenziell infrage kommen.

Die Schnittstelle stellt dabei die Markt- und die Lieferantenanalyse dar, die zusammen mit Lieferantenscouting gleichgesetzt werden können. Zu beachten ist, dass der Prozess Lieferantenscouting nicht als unabhängiger Prozessschritt betrachtet wird, sondern auf den Ergebnissen der Bedarfsanalyse aufbaut. Das eigentliche Scouting ist ein Ergebnis aus dem wechselseitigen Zusammenspiel aus Marktanalyse und Lieferantenanalyse.

Abbildung 4.1 (erarbeitet aus/vgl. Schumacher/Schiele/Contzen/Zachau 2008, S. 49) zeigt den Zusammenhang der Beschaffungsmarktanalyse und des Lieferantenmanagements.

4.1.2 Vorgehensweise: vom Weltmarkt zum potenziellen Lieferanten

Um die Lieferanten mit Potenzial vom gesamten Lieferantenmarkt differenzieren zu können, müssen detaillierte Lieferantendaten systematisch erfasst und ausgewertet werden. Das Ergebnis sind sog. Lieferantenprofile (vgl. Schumacher/Schiele/Contzen/

DOI 10.1515/9783110443363-4

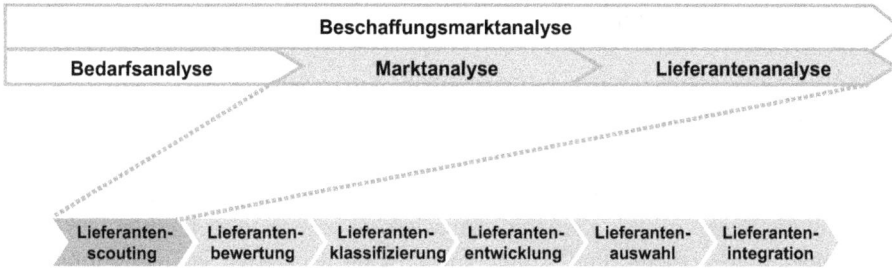

Abb. 4.1: Zusammenhang von Beschaffungsmarktanalyse und Lieferantenmanagement.

Zachau 2008, S. 51), anhand derer eine erste Einschätzung über das Leistungspotenzial eines Lieferanten möglich ist.

Die Qualität des Ergebnisses ist von der Qualität der Lieferantendaten abhängig. Daher ist in einem ersten Schritt eine umfassende Marktforschung zu betreiben, die erste Lieferanteninformationen generiert. Wie Abbildung 4.2 (vgl. Kerkhoff 2005, S. 136) zeigt, gibt es hierzu mehrere Möglichkeiten, die in primäre und sekundäre Beschaffungsquellenforschung eingeteilt werden können.

Abb. 4.2: Primäre und sekundäre Beschaffungsquellenforschung.

Aus den beschafften Informationen wird anschließend anhand bestimmter, branchen- und unternehmensspezifischer Kriterien eine Selektion vorgenommen. Ziel dabei ist es, die Lieferanten mit hohem Leistungspotenzial zu identifizieren und in den Lieferantenpool mit aufzunehmen.

Es wird deutlich, dass hier eine enge Verzahnung mit der Lieferantenbewertung existiert und der Übergang fließend stattfindet. Um einen Lieferanten umfassend einschätzen zu können, wird die Bewertung als Folgeprozess des Scoutings notwendig. Erst dann ist ein vollständiges Bild über den potenziellen Lieferanten vorhanden und das Risiko bei der Lieferantenauswahl minimiert.

4.1.3 Der Scoutingfokus bei der Audi AG

Für Audi ist der Scoutingprozess fester Bestandteil des Lieferantenmanagements. Nur die permanente Suche nach neuen, leistungsfähigen Lieferanten stellt sicher, dass das Leistungsniveau des Lieferantenpools hoch gehalten und ständig verbessert wird.

Um dem Leitspruch „Vorsprung durch Technik" gerecht zu werden, wird mit dem Scouting die Suche nach Lieferanten fokussiert, die durch Innovationen und neue Technologien zusätzliche (End-)Kundenattraktivität generieren können (Hofbauer/ Sangl 2011, S. 71 ff.).

Vor allem in der von Audi verfolgten Wachstumsstrategie ist wichtig, auch in den entsprechenden Absatz- und Produktionsregionen mit den besten Lieferanten lokalisiert zusammen zu arbeiten. In wachsenden Märkten ist es daher bedeutend, dass auch die notwendigen Kapazitäten vorhanden sind.

Zusammengefasst verfolgt Audi mit dem Lieferantenscouting folgende Hauptziele:
– Aufspüren von Innovationen und Kapazitäten
– Erschließung neuer Märkte

Aus Sicht der Audi AG hat das Scouting mehrere Nutzendimensionen:

Zum einen wird durch das Scouting ein zentraler, systematischer und integrierter Prozess geschaffen, an dem alle international generierten Lieferanteninformationen an einer Stelle zusammengetragen werden. Die Verzahnung dieser dezentral durchgeführten Beschaffungsmarktforschungstätigkeiten ermöglicht die Schaffung maximaler Transparenz über den Lieferantenmarkt.

Zum anderen erzeugt das intensive Scouting höchste Qualität bei der Lieferantenauswahl, was dazu führt, dass Lieferantenentwicklungskosten minimiert werden. Es wird darauf geachtet, dass die potenziellen Lieferanten bereits zum Zeitpunkt ihrer Identifikation ein hohes Leistungspotenzial aufweisen.

Durch das Scouting ist eine Systematik implementiert, die als Sensorik für neue Technologien und potenzielle, neue Lieferanten betrachtet werden kann. Gezielt kann nach Lieferanten und Technologien gesucht werden, die für die Audi AG und ihre Endkunden einen Mehrwert darstellen.

Im Rahmen der Wachstumsstrategie werden durch systematisches Lieferantenscouting neue Anschlussmärkte – Emerging Markets – aktiviert. Zur Identifikation neuer, lokal angesiedelter Lieferanten (Stichwort „Local Content") müssen die Märkte vor Ort analysiert werden. Die entstandenen Beziehungen können sowohl zur Aktivierung des Beschaffungs- als auch des Absatzmarktes genutzt werden.

Abbildung 4.3 (Quelle: Audi AG) fasst die verfolgten Ziele und den Nutzen des Lieferantenscoutings bei Audi nochmals zusammen.

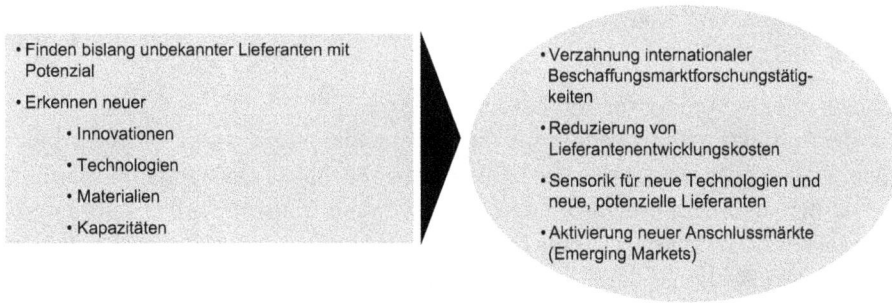

Abb. 4.3: Ziele und Nutzen des Lieferantenscoutings bei Audi.

4.1.4 Process-Summary: Lieferantenscouting

Abbildung 4.4 (Quelle: Audi AG) fasst den Prozessschritt Lieferantenscouting nochmals zusammen.

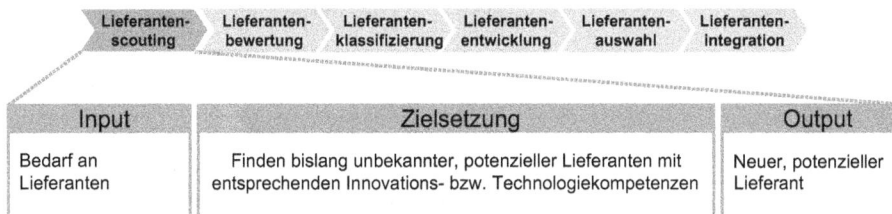

Abb. 4.4: Zusammenfassung des Lieferantenscoutings.

4.2 Lieferantenbewertung

4.2.1 Definition und Begriffsabgrenzung

Die Lieferantenbewertung wird umfassend als Prozess der Sammlung, Gewinnung, Auswahl, Aufbereitung und Beurteilung von Informationen über den Lieferanten beschrieben (vgl. Wildemann 2000, S. 157). Sie hat die Aufgabe, zu überprüfen, in welchem Maße die Lieferanten die geforderten Anforderungen an Produkt und Leistung erfüllen (vgl. Glantschnig 1994, S. 13).

Mit der Lieferantenbewertung sollen die Leistungsfähigkeit und die Lieferleistung eines Lieferanten transparent gemacht werden, um mögliche Schwachstellen in der Zusammenarbeit mit den Lieferanten aufzudecken und zu eliminieren (Hartmann/Orths/Pahl 2004, S. 16–17).

Die Lieferantenbewertung bezieht sich grundsätzlich auf zwei Teilprozesse (vgl. Pfefferli 2002, S. 12):

1. Lieferantenbewertung vor der Auftragserteilung:
Vor der Auftragserteilung geht es um die Risikominimierung, damit ein potenzieller Lieferant den Auftrag nach den Bedürfnissen des Abnehmers uneingeschränkt erfüllt. Es soll der am besten geeignete Lieferant ausgewählt werden, der den Auftrag vertragsgemäß zur richtigen Zeit, zum richtigen Preis und in richtiger Qualität ausführen kann (vgl. Pfefferli 2002, S. 12 u. 19). Die Beurteilung ermittelt die wirtschaftliche, ökologische und technische Leistungsfähigkeit eines Lieferanten (vgl. Hartmann/Orths/Pahl 2004, S. 19). Diese Art der Bewertung aufgrund von Indikatoren wird auch Lieferantenbeurteilung genannt.

Zur Bewertung der Leistungsfähigkeit gehört auch die Zulassung von potenziellen, aber noch unbekannten Lieferanten, mit denen noch keine Geschäftsbeziehung besteht. Diese Zulassung erfolgt in der Regel auf drei Ebenen, die in Abhängigkeit von der strategischen Bedeutung des Beschaffungsguts Verwendung finden. Abbildung 4.5 (angelehnt an Pfefferli 2002, S. 19–45) zeigt diese Ebenen und ihre Methoden, wie sie bei strategisch bedeutsamen Produkten angewendet werden:

	ganzheitliche Beurteilung		
Ebene:	Produkt-qualifikation	kommerzielle Überprüfung	Managementsystem-überprüfung
Methoden/Verfahren:	• Review der Spezifikationen • Risikoanalysen • Prototypentest • Feldtests • Freigabe der Prüfplanung • Abnahmetest	• Einholen von Handelsauskünften • langfristiger Prozess • Treffen auf oberster Managementebene • kapitalmäßige Beteiligung	• Selbsteinschätzung • Lieferantenaudit • Assessment, Basis EFQM oder Malcolm Bridge
verantwortlich:	Technik	Einkauf	Beurteilungsteam (fachbereichs-übergreifend)

Abb. 4.5: Methoden zur Zulassung von Lieferanten.

Da diese Ebenen von der Art des Beschaffungsvorhabens abhängig sind, werden sie in unterschiedlicher Reihenfolge durchlaufen (vgl. Pefferli 2002, S. 19). Alle drei Kategorien sind wichtig, um einen umfassenden Überblick über potenzielle Lieferanten zu bekommen und das Risiko einer falschen Auswahlentscheidung zu minimieren.

Zur Erstbeurteilung eines Lieferanten wird in der Praxis die Managementsystem-Überprüfung angewendet. Dazu werden folgende Beurteilungsinstrumente verwendet (vgl. Pfefferli 2002, S. 22 ff.):

– Selbsteinschätzung des Lieferanten (Lieferantenselbstauskunft)
  Eine vom Lieferanten ausgefüllte Checkliste verschafft schnell einen groben Überblick über den Lieferanten. Die Checkliste umfasst allgemeine Fragen zur Firma und zum Managementsystem (Qualitätsmanagement, Umweltmanagement, Arbeitssicherheit).

– Audit
  Unter einem Audit ist eine systematische und unabhängige Untersuchung zu verstehen, in der geprüft wird, ob die Tätigkeiten und die daraus folgenden Ergebnisse den Bedürfnissen des Abnehmers entsprechen und wirkungsvoll realisiert werden können. In der nachfolgenden Abbildung 4.6 sind die verschiedenen Auditarten zusammenhängend dargestellt. Dabei ist das Lieferantenaudit eine Mischung von System-, Produkt- und Prozessaudit, was sowohl system- als auch produktspezifisch sein kann.

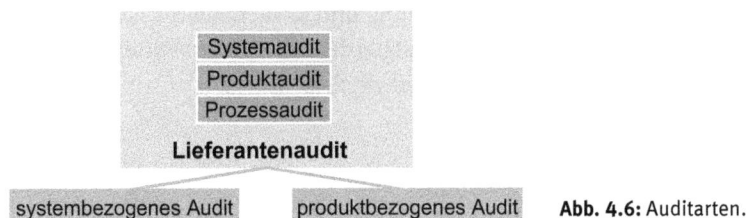

Abb. 4.6: Auditarten.

– Assessments
  Assessments dienen dazu, die Firmen ganzheitlich zu beurteilen und die Informationslücken zu schließen, welche durch die Audits und die Selbstauskunft noch nicht geschlossen werden konnten. Folgende drei Methoden werden angewendet:

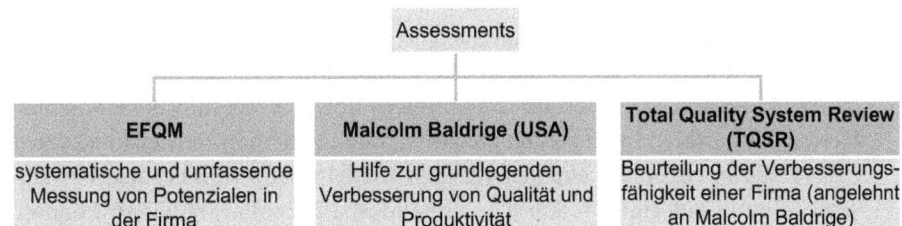

Abb. 4.7: Assessmentarten.

2. Lieferantenbewertung anhand der erbrachten Leistung:
Die Bewertung anhand der erbrachten Leistungen dient zur Auswertung und Erfolgskontrolle der Abnehmer-Lieferanten-Beziehungen. Sie ist der Ausgangspunkt für die Wahrnehmung, Quantifizierung und Einleitung von Verbesserungsmaßnahmen (vgl. Pfefferli 2002, S. 64). Dieser Bewertungsprozess betrachtet u. a. die Qualitätsleistung sowie die Termin- und Mengenzuverlässigkeit in der Serienproduktion (vgl. Hartmann/Orths/Pahl 2004, S. 32). Da in einigen Branchen die Lieferanten bereits im Produktentstehungsprozess verstärkt eingebunden sind (vgl. Binder 2007, S. 14) und somit die Lieferantenbeziehung nicht nur darauf beschränkt ist, ein Produkt in der richtigen Zeit, in der richtigen Qualität und in gewünschter Stückzahl zu liefern (vgl. Maron/Brückner 1998, S. 718), wird häufig auch die Entwicklungsleistung eines Lieferanten mitbewertet. Gerade unter der Prämisse einer ganzheitlichen Betrachtung einer Lieferantenbeziehung ist es zudem notwendig, auch sog. qualitative Faktoren wie Innovationsfähigkeit, Technologiebeherrschung, Know-how, Service oder Zusatzleistungen (vgl. Knapp/Durst/Bichler 2000, S. 42) mit einzubeziehen.

Die Ergebnisse der Lieferantenbewertung stellen eine viel aussagefähigere Beurteilungsbasis dar als die Lieferantenbeurteilung. Bei der Lieferantenbewertung fließen Erfahrungen aus der Lieferantenbeziehung und tatsächlich realisierten Leistungsparametern ein. Damit kann auch das Ergebnis der Lieferantenbeurteilung überprüft und für weitere Anwendungen nachjustiert werden.

4.2.2 Motivation einer Lieferantenbewertung

Als Informationsquelle verfolgt die Lieferantenbewertung zwei Hauptbewertungsmotive (vgl. Dreyer 2000, S. 53–56 u. Disselkamp/Schüller 2004, S. 16):
1. Bewertungsmotiv Lieferantenauswahl
   Anhand nachvollziehbarer Faktoren wird entschieden, ob ein Anbieter den Anforderungen gerecht wird und somit als Lieferant für den Abnehmer infrage kommt oder nicht. Es geht letztendlich um die Aufnahme oder Nichtaufnahme einer Geschäftsbeziehung mit dem Lieferanten.
2. Bewertungsmotiv Lieferantenkontrolle
   Der Lieferant wird in seiner operativen Performance im Tagesgeschäft geprüft und bewertet. Anhand einer Vielzahl von Kriterien erfolgt die Messung der erbrachten Lieferantenleistung. Dies dient einerseits zur Dokumentation von Leistungsdaten eines Lieferanten, um bei einem möglichen Wiederholungskauf bei der Auswahlentscheidung auf eine fundierte Informationsbasis zurückgreifen zu können. Andererseits wird damit die Lieferantenleistung regelmäßig kontrolliert, damit frühzeitig Minderleistungen erkannt und entsprechende Vorbeugungsmaßnahmen ergriffen werden können.

Das Thema Lieferantenbewertung ist kein neuer Trend, da der Einkauf auch in der Vergangenheit bemüht war, dem Unternehmen die günstigsten Bezugsquellen zu erschließen. Jedoch erfolgte die Auswahl des besten Lieferanten meist ohne System und war geprägt von subjektiver Wahrnehmung. Die Informationsgewinnung über die wirtschaftliche, ökologische und technische Leistungsfähigkeit eines Lieferanten wurde daher häufig vernachlässigt (vgl. Hartmann/Orths/Pahl 2004, S. 15). Untersuchungen des Beschaffungsprozesses bei mehreren Firmen zeigen, dass entstandene Fehler und Störungen in der Prozessbeherrschung immer wieder auf fehlende Lieferantenbeurteilungen und -bewertungen zurückzuführen sind. Aus diesen Betrachtungen wird deutlich, dass die Lieferantenbewertung – sowohl die Beurteilung vor Auftragsvergabe als auch die Bewertung der erbrachten Leistungen – eine entscheidende Rolle für das Erreichen der Beschaffungsstrategie spielt und somit notwendig ist (vgl. Pfefferli 2002, S. 9–10). Folgende Fakten und Aspekte verdeutlichen die Motivation für eine kontinuierliche und systematische Lieferantenbewertung (vgl. Muschinski 1998, S. 82):

– zunehmende Abhängigkeit von der Lieferantenkompetenz
  Die Materialkosten nehmen einen großen Teil des Umsatzes eines Unternehmens ein. Vor dem Hintergrund der zunehmenden Auslagerung der Wertschöpfung wird die Wettbewerbsfähigkeit in starkem Maße von den Zulieferern bestimmt. Eine Lieferantenbewertung als Grundlage zur permanenten Optimierung der Lieferantenbasis ist daher unumgänglich.
– komplexe Lieferantenauswahlentscheidung
  Verschiedene Versorgungsstrategien sowie die gestiegenen Anforderungen an die Entwicklungs-, Qualitäts- und Logistikkompetenz sorgen dafür, dass die Auswahlentscheidung deutlich schwieriger geworden ist und strategischen Charakter bekommen hat. Eine Bewertung dient dazu, um verlässliche Informationen bereitzustellen und den Entscheidungsprozess zu systematisieren.
– Integration des Lieferanten
  Aufgrund der aktuellen Entwicklungen auf den Beschaffungsmärkten wird auf die besten Lieferanten für strategische Partnerschaften abgezielt. Um langfristige negative Auswirkungen einer Fehlentscheidung bei der Lieferantenauswahl zu verhindern, ist es notwendig, potenzielle Partner umfassend zu bewerten.
– Objektivierung der Entscheidungsfindung
  Die Vermeidung von subjektiven Einflüssen und eine jederzeitige Historisierung der Ergebnisse, unabhängig von Personen, sind ebenfalls Gründe, welche die Notwendigkeit der Lieferantenbewertung unterstreichen.

4.2.3 Ziele und Nutzen einer Lieferantenbewertung

Wie jedes Werkzeug in der Beschaffung setzt sich die Lieferantenbewertung die Minimierung der Kosten und die Sicherung der Versorgung zum Ziel. Dabei soll nicht nur der Anschaffungspreis berücksichtigt werden; vielmehr muss die Lieferantenbewertung den Gesamtaufwand und damit die Gesamtheit einer Lieferbeziehung abbilden können. Folgende Ziele lassen sich daher für die Bewertung der Lieferanten formulieren (vgl. Glantschnig 1994, S. 18–19 u. Hartmann/Orths/Pahl 2004, S. 20–21):

– Objektivierung und Optimierung der Lieferantenauswahl
  Durch eine systematische methodische Vorgehensweise sollen Lieferantenentscheidungen transparenter gemacht werden und subjektive Einflüsse eliminiert werden.

– Steuerung der Lieferantenbeziehung
  Da sich die Leistungsfähigkeit der Lieferanten über die Zeit verändern kann, ist es notwendig, die Lieferanten durch eine regelmäßige Bewertung der Leistungsfähigkeit zu prüfen und die Versorgung zu sichern.

– Entwicklung und Pflege der Lieferantenbeziehungen
  Durch eine Lieferantenbewertung können beim Lieferanten Bereiche mit Verbesserungspotenzial identifiziert werden. In Verbindung mit Zielvereinbarungen und Anreizen ist es möglich, den Lieferanten auf ein höheres Leistungsniveau hin zu entwickeln.

– Kontinuierliche Verbesserung der Lieferantenqualität (KVP)
  Durch das permanente Bewerten werden die Schwachstellen des Lieferanten frühzeitig erkannt. Es wird kontinuierlich ermittelt, wie ein Lieferant sich noch verbessern kann.

– Optimierung des Lieferantenportfolios
  Einerseits kann die Lieferantenbewertung zur Entwicklung und Identifikation ausgezeichneter Lieferanten verwendet werden. Sie soll andererseits aber auch ungeeignete Lieferanten filtern und aus dem Lieferantenkreis eliminieren, um das Lieferantenportfolio zu optimieren.

– Schaffung von Problembewusstsein
  Der Dialog mit dem Lieferanten über die Bewertung bietet die Möglichkeit, die Verbesserungspotenziale in der Zusammenarbeit zwischen Zulieferer und Abnehmer zu identifizieren. Dadurch wird ein beiderseitiges Problembewusstsein geschaffen.

Eine nachvollziehbare Lieferantenbewertung liegt im Interesse aller Beteiligten (vgl. Glantschnig 1994, S. 13). Auch wenn sich der Nutzen einer Lieferantenbewertung nicht sofort quantifizieren lässt, ergeben sich sowohl für Abnehmer als auch für Lieferanten langfristig ertragswirksame Vorteile. Tabelle 4.1 zeigt die Vorteile, die beide Parteien durch eine Lieferantenbewertung nutzen können (vgl. Hartmann/Orths/Pahl 2004, S. 25–26 und Disselkamp/Schüller 2004, 21–37):

Abbildung 4.8 fasst die Ziele und den Nutzen aus Abnehmersicht nochmals auf einen Blick zusammen.

Tab. 4.1: Vorteile der Lieferantenbewertung für Abnehmer und Lieferant.

Abnehmer	Lieferant
– Risikominimierung – Lieferantencontrolling – proaktives Lieferantenmanagement – professionelle Auswahl neuer Lieferanten – Rentabilitätserhöhung: – Kostenvorteile (Gesamtkostenbetrachtung) – Verringerung der Lagerhaltung (Reduzierung der Sicherheitsbestände) – Qualitätsvorteile – Stärkung der Wettbewerbsposition – Dialog: – Problembewusstsein – Know-how-Austausch	– Aufzeigen von Verbesserungsmaßnahmen (KVP) – Vergleich (Benchmark) mit Wettbewerb – Steigerung des Qualitätsniveaus – Kostensenkung – Stärkung der Wettbewerbsposition: – Steigerung des Auftragsvolumens – Sicherung des Auftragsvolumens über längeren Zeitraum – verbesserte Basis für Kapazitäts- und Ressourcenplanung des Lieferanten – Einbindung in strategische Partnerschaft – Dialog: – Problembewusstsein – Know-how-Austausch

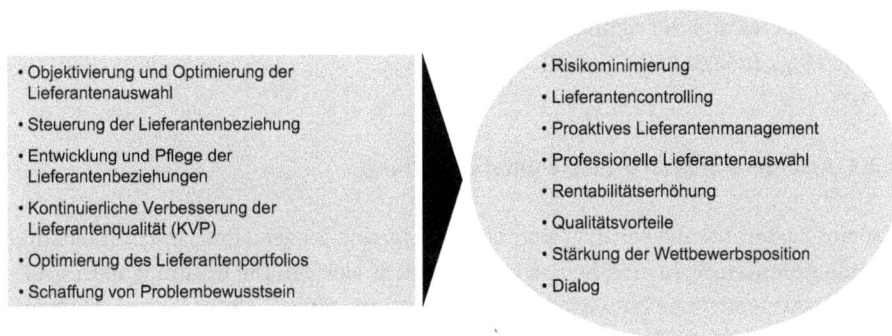

Abb. 4.8: Ziele und Nutzen der Lieferantenbewertung.

4.2.4 Die Lieferantenbewertung als Grundlage des Lieferantenmanagements

Das Ziel des Lieferantenmanagements ist es, sich auf die besten Lieferanten zu konzentrieren und mit diesen zusammenzuarbeiten. Der richtige Partner muss identifiziert werden. Es soll der richtige Partner sein, mit dem eine langfristige Geschäftsbeziehung eingegangen werden kann. Dadurch sollen beide Seiten profitieren. Um herauszufinden, wer der richtige Partner ist, ist es erforderlich, den Lieferanten auf seine Leistungsfähigkeit zu beurteilen und ihn regelmäßig, strukturiert, gründlich und transparent zu bewerten (vgl. Disselkamp/Schüller 2004, S. 15).

Auf Grundlage der Bewertung werden die Lieferanten hinsichtlich der strategischen Bedeutung klassifiziert, entwickelt und ausgewählt. Sie ermöglicht bei neu „gescouteten", noch unbekannten Lieferanten die Einschätzung der zukünftigen

Leistungsfähigkeit und liefert Erfahrungswerte aus bereits bestehenden Geschäftsbeziehungen. In Kombination mit der strategischen Bedeutung wird der Lieferant
klassifiziert und bei entsprechender Einstufung ausgewählt.

Die Bewertung schafft dabei nicht nur Transparenz über die Leistung bzw. Leistungsfähigkeit von Lieferanten, sondern stellt auch den Ausgangspunkt für die Lieferantenentwicklung dar (vgl. Knapp/Durst/Bichler 2000, S. 42), indem Defizite in der
Lieferleistung bzw. Leistungsfähigkeit aufgedeckt werden. Die durch die Anwendung
einer Bewertung gewonnenen Informationen über die Lieferanten werden genutzt,
um Verbesserungspotenziale von Lieferanten über Zielvereinbarungen und Maßnahmen auszuschöpfen (vgl. Maron/Brückner 1998, S. 720).

Wie die obigen Ausführungen zeigen, ist die Lieferantenbewertung die Informationsbasis für die weiteren Bausteine des Lieferantenmanagements – für die Klassifizierung, Entwicklung und Auswahl von Lieferanten. Die Bewertung ist Hauptbestandteil
des Lieferantenmanagements und kann somit als Grundlage des Lieferantenmanagementprozesses betrachtet werden. Damit liefert die Lieferantenbewertung die Informationsbasis für das Lieferantenmanagement. Anhand der durch eine Bewertung ge-
sammelten und aufbereiteten Informationen können Situationen adäquat beurteilt
werden, um daraus die richtigen Maßnahmen für den Umgang mit Lieferanten abzuleiten (vgl. Roland 2003, S. 200).

4.2.5 Anforderungen an die Lieferantenbewertung

Um eine Lieferantenbewertungsmethodik erfolgreich zu gestalten, müssen entsprechende Anforderungen an eine Bewertung gestellt werden. Die Erfüllung dieser sollte eine praxis-taugliche Entwicklung und Umsetzung einer Lieferantenbewertung ermöglichen. Die folgenden 12 Prinzipien stellen die Anforderungen an eine Lieferantenbewertung dar.

Die 12 Prinzipien der Lieferantenbewertung (konzipiert aus Hartmann/Pahl/
Spohrer 1997, S. 24 ff.; Hartmann/Orths/Pahl 2004, S. 72–74; Glantschnig 1994, S. 20–22;
Pfefferli 2002, S. 64; Knapp/Durst/Bichler 2000, S. 42–47 und Maron/Brückner 1998,
S. 718–719):

1. Prinzip der Flexibilität
   Eine Bewertung sollte so ausgelegt sein, dass sie die jeweilige Beschaffungssi-
   tuation berücksichtigt. Produktspezifische oder situationsbedingte Unterschiede
   sind dabei zu beachten. So erscheint eine differenzierte Bewertung nach Produkt-
   bzw. Werkstoffgruppen sinnvoll, wenn unterschiedliche Produkte von einem Hersteller beschafft werden.

2. Prinzip der Strategieberücksichtigung
   Von grundsätzlich entscheidender Bedeutung ist die Berücksichtigung der Un-
   ternehmens- und Beschaffungsziele und damit auch der Strategie in der Bewertung. Beispielsweise heißt das für die Automobilindustrie, dass die gerade hier

vorzufindenden Qualitäts- und Innovationsstrategien auch durch entsprechende Kriterien in der Bewertung abgebildet werden müssen. Merkmale zur Bewertung der Entwicklungs- und Innovationskompetenz sind daher genauso wichtig wie die Messung der Serienleistung.

3. Prinzip der Objektivierbarkeit und Transparenz
   Dieses Prinzip ist von großer Bedeutung, denn die Ergebnisse und die darauf beruhenden Entscheidungen müssen objektiv, nachvollziehbar und personenunabhängig möglich sein. Dazu ist ein „gerechtes" Bewertungsverfahren notwendig, das Transparenz schafft. Um subjektiv verzerrte Urteile zu verhindern, ist es sinnvoll, die Bewertungskriterien durch Bewertungsmaßstäbe zu beschreiben, sodass ein Sachverhalt bei unterschiedlichen Bewertungspersonen zum gleichen Ergebnis führt.

4. Prinzip der Crossfunktionalität und Ganzheitlichkeit
   Hierbei ist zu berücksichtigen, dass Kriterien für die Bewertung herangezogen werden, die den Lieferanten umfassend beurteilen. Dazu gehören auch die fachbereichsspezifischen (Qualitätssicherung, Entwicklung, Produktion, Logistik, Beschaffung) Lieferantenmerkmale. Zunehmend wird es immer bedeutender, neben quantitativen Kriterien wie Qualitätsleistung (z. B. ppm-Raten) auch qualitative Merkmale wie Kooperation und Service heranzuziehen.

5. Prinzip der Akzeptanz
   Wichtig für den Erfolg einer Lieferantenbewertung ist die interne und externe Akzeptanz. Um diese zu erreichen, müssen die Bewertungsregeln und -prinzipien innerhalb und außerhalb des Unternehmens klar kommuniziert werden. Für den Lieferanten ist es von Bedeutung, die Bewertungsgrundsätze zu kennen. Einfache und objektiv messbare Bewertungskriterien fördern ebenfalls die Akzeptanz.

6. Prinzip der Nichtkompensierbarkeit der Ergebnisse
   Dadurch soll verhindert werden, dass sich gute und schlechte Einzelergebnisse (z. B. Fachbereichsergebnisse) kompensieren. Es ist wichtig, ein „Hürdenprinzip" oder „Grenzwertprinzip" zu definieren. Nur diejenigen Lieferanten, die in allen Disziplinen die „Hürde" (z. B. Mindestanzahl an erreichten Punkten) übertreffen, werden für den Anbieterkreis zugelassen. Um zu den besten Lieferanten zu gehören, ist es notwendig, in allen Bereichen gute Leistungen zu bringen. Demnach sollten für einzelne Kriterien, die absolute Priorität haben („K.o.-Kriterien"), entsprechende Toleranzgrenzen festgelegt werden, die eine Zulassung zum Lieferantenkreis eindeutig regeln.

7. Prinzip der Aufwand-Nutzen-Relation
   Vor dem Hintergrund, dass es einen enormen Aufwand darstellt, eine Lieferantenbewertung zu entwickeln und einzuführen, ist es wichtig, dass der Nutzen in einer ausreichenden Relation zu den entstehenden Kosten steht. Zusätzlich ist auch der kontinuierliche, regelmäßig anfallende Bewertungsaufwand zu berücksichtigen. Nach dem Motto „keep it simple" muss ein Gleichgewicht zwischen methodischem und informativem Anspruch sowie schlichtem Pragmatismus herrschen.

Dies kann beispielsweise durch die Verwendung weniger, aber dafür wichtiger Kriterien geschaffen werden.

8. Prinzip der Kontinuität
Das Lieferantenbewertungssystem erfüllt die Funktion eines Frühwarnsystems. Daher ist es wichtig, permanent in regelmäßigen Abständen zu bewerten, um mögliche Defizite rechtzeitig erkennen und entsprechende Maßnahmen ergreifen zu können. Dadurch wird verhindert, dass „diagnostische Lücken" entstehen.

9. Prinzip der Bewertungskonsequenzen
Nach dem Grundsatz „keine Bewertung ohne Konsequenz" sollten sich aus der Bewertung unmittelbare Handlungsempfehlungen und Verbesserungsmaßnahmen ableiten lassen.

10. Prinzip der Bewertungskommunikation
Es ist von entscheidender Bedeutung, die Bewertungsergebnisse an den Lieferanten zu kommunizieren, um den gewünschten Effekt der kontinuierlichen Verbesserung seiner Leistung zu erzielen. Um einen einheitlichen Dialog zum Lieferanten und auch zwischen den Fachbereichen zu gewährleisten, sollten die Ergebnisse auch intern kommuniziert werden.

11. Prinzip der teamorientierten Bewertung
Um ein Höchstmaß an Objektivität und Vergleichbarkeit zu gewährleisten, sollte die Bewertung anhand vorgefertigter Checklisten im Team erfolgen. Auch arbeitsteilige Vorgehensweisen können sich anbieten. Jedoch sollten eindeutige Regeln festgelegt sein, wonach klar ist, wer was bewertet. Falls arbeitsteilige Bewertungen durch die Fachbereiche durchgeführt werden, bieten sich abschließende Bewertungsgespräche mit den Fachbereichen an, um dem Grundsatz einer objektiven Bewertung gerecht zu werden.

12. Prinzip der Automatisierbarkeit und elektronischen Unterstützung
Um die Akzeptanz der Lieferantenbewertung zu erreichen, ist es von Vorteil, die Bewertung EDV-gestützt zu betreiben. Durch den Einsatz moderner Informations- und Kommunikationstechnologien soll auch der regelmäßige Bewertungsaufwand überschaubar gehalten werden.

Diese zwölf Prinzipien bilden den gestalterischen Rahmen einer erfolgreichen Bewertung von Lieferanten. Sie können als eine Art Voraussetzung betrachtet werden, die es zu beachten und abzuarbeiten gilt.

4.2.6 Fachbereichsübergreifende Lieferantenbewertung

Häufig ist in der Praxis lediglich eine Bewertung der Qualitäts- und Logistikleistung anzutreffen. Doch die Zusammenarbeit zwischen Lieferanten und Abnehmer ist nicht nur auf diese beiden Parameter beschränkt (vgl. Maron/Brückner 1998, S. 718). Da die Beziehungen zu Lieferanten immer komplexer werden, reicht es bei Weitem nicht mehr aus, sich auf die Qualitätskennzahlen sowie Termin- und Liefertreue zu beschränken. Daher ist eine umfassende Lieferantenbewertung erforderlich (vgl. Präuer 2007, S. 565). Um eine umfassende Bewertung zu garantieren, hat sich in den letzten Jahren der Bewertungsumfang vergrößert, mit dem Ziel, den Lieferanten als Ganzes zu betrachten (vgl. Appelfeller/Buchholz 2005, S. 47). Die Lieferantenbewertung soll einen „Rundumblick" auf den Lieferanten gewährleisten. Sehr erfolgreiche Unternehmen verwenden deshalb einen crossfunktionalen (fachbereichsübergreifenden) Bewertungsansatz, der die betroffenen Bereiche Einkauf, Qualität, Produktion, Logistik und Entwicklung berücksichtigt (vgl. Abbildung 4.9). Dadurch wird eine kompetente Basis für ein erfolgreiches Lieferantenmanagement geschaffen (vgl. Hoffmann/Lumbe 2002, S. 632).

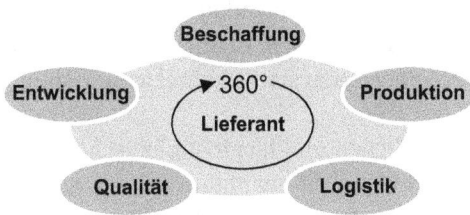

Abb. 4.9: Rundumblick auf den Lieferanten.

4.2.7 Bewertungskriterien und Gewichtung

Die Lieferantenbewertung soll eine Anzeigetafel sein, die den Zustand für eine Lieferantenbeziehung anzeigt (vgl. Pfefferli 2002, S. 67).

Die Qualität und der Erfolg einer Bewertungssystematik hängen in erster Linie von den einzelnen Bereichskriterien ab (vgl. Appelfeller/Buchholz 2005, S. 47), anhand derer ein Lieferant bewertet wird. Die Aufgabe besteht darin, diejenigen Merkmale zu identifizieren, die die Lieferantenbeziehung und -leistung eindeutig widerspiegeln. Um die Anforderung eines beschaffungsobjekt- und beschaffungssituationsspezifischen Lieferantenbewertungssystems zu erfüllen, ist eine Entscheidungsbasis in Form eines umfassenden Kriterienkatalogs zu schaffen (vgl. Glantschnig 1994, S. 54). Es ist jedoch nicht zwingend, möglichst viele Faktoren zu berücksichtigen. Erscheint es zunächst als Vorteil, durch viele Faktoren die Aussagefähigkeit zu erhöhen, steht dem der Nachteil gegenüber, dass wegen der steigenden Informations-, Mess- und Bewertungsprobleme keine unmittelbare Qualitätserhöhung der Bewertungsergebnisse zu erwarten ist (vgl. Hartmann/Orths/Pahl 2004, S. 31).

Folgende Voraussetzungen sollten die Kriterien erfüllen, um den Ansprüchen an eine erfolgreiche Lieferantenbewertung gerecht zu werden (vgl. Hartmann/Pahl/Spohrer 1997, S. 24):

- Gerechtigkeit: gleiche Kriterien für alle Lieferanten
- Transparenz: offene und transparente Kriterien
- Nachvollziehbarkeit: objektive Kriterien
- keine Kompensation: K.o.-Kriterien können durch andere Kriterien nicht kompensiert werden.
- Kooperation: Kriterienwahl sollte von den Lieferanten akzeptiert werden.

In der Praxis hat es sich als sinnvoll erwiesen, eine geringe Anzahl von Hauptkriterien zu wählen, die durch Teilkriterien detaillierter beschrieben werden können. Allerdings muss darauf hingewiesen werden, dass den Hauptkriterien möglichst stets die gleiche Anzahl von Teilkriterien zugeordnet werden sollten. Dadurch wird der Eindruck einer unterschiedlichen, indirekten Gewichtung dieser Kriterien vermieden (vgl. Hartmann/Orths/Pahl 2004, S. 33–34). Bei der Identifikation und Konzipierung der Bewertungskriterien ist darauf zu achten, dass in jedem Fachbereich in etwa die gleiche Anzahl an Kriterien verwendet wird, um eine zu starke indirekte Gewichtung zu vermeiden.

Um sicherzustellen, dass man mit verlässlichen und langfristig berechenbaren Lieferanten zusammenarbeitet, ist es notwendig, neben quantitativen auch qualitative Faktoren in der Bewertung zu berücksichtigen (vgl. Knapp/Durst/Bichler 2000, S. 42). Die sog. sekundären Kriterien dienen dabei als zusätzliches Differenzierungsmerkmal und stellen zugleich die Basis für eine stabile Zusammenarbeit dar (vgl. Becker/Stuka 2007, S. 29–30). Welche Kriterien definiert werden, hängt in erster Linie sowohl von der Branche als auch von der jeweiligen (Beschaffungs-)Strategie des einzelnen Unternehmens ab. Zudem kann es werkstoffgruppenspezifische Unterschiede geben.

Nachfolgende Auflistung zeigt mögliche Hauptkriterien (vgl. Disselkamp/Schüller 2004, S. 71–73):
- Einkaufspreise
- Qualität der angebotenen Leistung
- Qualität der erbrachten Leistung
- Lieferservice
- Innovationskraft
- Kooperationsfähigkeit
- Volumen und Abhängigkeit
- Finanzkraft
- soziale, ökologische, gesellschaftspolitische Kriterien

Im Anhang sind zwei detaillierte Möglichkeiten der Zuordnung von Teilkriterien zu Hauptkategorien/-kriterien (vgl. Anhang 1 und 2) sowie ein allgemeiner Kriterienpool (vgl. Anhang 3) zu finden.

Für die Subkriterien erweist es sich als sinnvoll, diese näher zu beschreiben und dazugehörige Messskalen zu definieren. Dies unterstützt den Bewerter und stellt si-

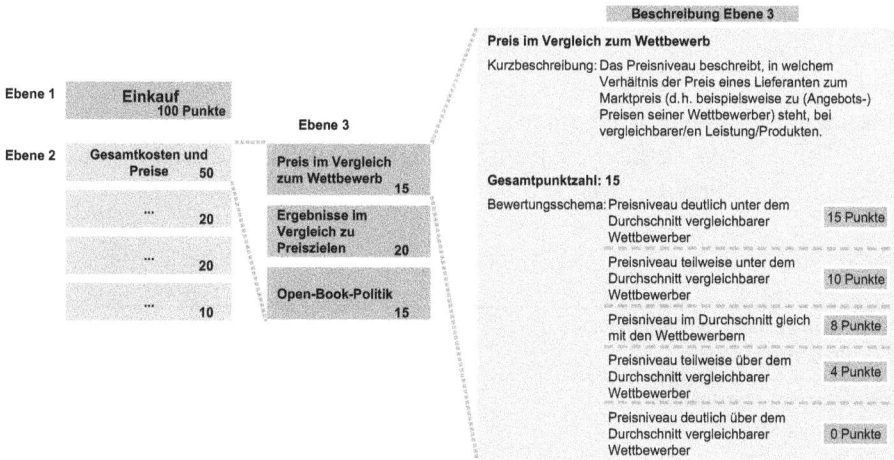

Abb. 4.10: Detaillierung und Beschreibung der Bewertungskriterien.

cher, dass der gleiche Maßstab angelegt und damit Objektivität erreicht wird. Abbildung 4.10 zeigt diese Detaillierung der Bewertungskriterien (vgl. Hoffmann/Lumbe 2000, S. 97).

Je nach Beschaffungsobjekt und -situation sind die festgelegten Kriterien unterschiedlich anzuwenden. Das betrifft neben den Hauptkriterien auch die diesen zugeordneten Teilkriterien. Es gibt Produkte, die aufgrund ihrer Eigenschaften von bestimmten Aspekten besonders abhängig sind. Um der unterschiedlichen Bedeutung einzelner Kriterien gerecht zu werden, ist es üblich, die festgelegten Bewertungskriterien zu gewichten. Dies kann beispielsweise durch die Zuordnung von Multiplikatoren oder Prozentsätzen geschehen (vgl. Hartmann/Orths/Pahl 2004, S. 37).

Die Lieferantenbewertung steht und fällt mit ihren Bewertungsmerkmalen. Die Kriterien bilden die Grundlage der Informationen, die über den Lieferanten gewonnen werden sollen. Daher müssen abhängig von unternehmensspezifischen Anforderungen klare Kriterien definiert werden, die eine systematische und umfassende Lieferantenbewertung gewährleisten.

4.2.8 Arten und Verfahren der Lieferantenbewertung

Zur Messung und Darstellung der Lieferantenleistung gibt es viele Arten und Vorgehensweisen. In Abhängigkeit von den spezifischen Anforderungen an eine Bewertung, die von Unternehmen zu Unternehmen unterschiedlich ausgeprägt sind, besitzt jedes der Verfahren eigene Stärken und Schwächen.

Die Lieferantenbewertungsverfahren können in zwei Gruppen eingeteilt werden. Zum einen in quantitative Verfahren, die mit Zahlen ausgedrückt und somit mit Rechenoperationen verknüpft werden können (vgl. Janker 2004, S. 102). Daneben gibt es die qualitativen Methoden, die durch die Einbeziehung von qualitativen Faktoren und Einschätzungen gekennzeichnet sind (vgl. Glantschnig 1994, S. 32) und nicht direkt aus einem System messbar sind.

Tabelle 4.2 (vgl. Glantschnig 1994, S. 23 u. Janker 2004, S. 102–139) zeigt die gebräuchlichsten Verfahren in einer Übersicht.

Tab. 4.2: Lieferantenbewertungsverfahren im Überblick.

Lieferantenbewertungsverfahren Quantitative Verfahren	Qualitative Verfahren
Preisentscheidungsanalyse	**Notenverfahren**
– Preisbeobachtung	– 3- und 5-Noten-System
– Preisvergleich	– Qualifiziertes Notensystem
– Preisstrukturanalyse	– Indexsystem
Kostenentscheidungsanalyse	**Punktebewertungsverfahren**
– Cost-Ratio Method	– 100-Punkte-Verfahren
– Total Cost Supplier Selection Model	– Prozentbewertungsverfahren
	– Scoringmodell
	– Matrix-Approach
	– Nutzwertanalyse
	– Geldwertmethode
Optimierungsverfahren	**Verbale Verfahren**
– Lineare Optimierung	– Checklistenverfahren
– Goal-Programming-Ansätze	– Portfolioanalyse
	– Lieferantentypologien
Kennzahlenverfahren	
– Logistikkennzahlen	
– Zuverlässigkeitskennzahlen	
– Gesamtwertzahlverfahren	
– Quotientenverfahren	
– Vendor Rating System	
Bilanzanalyse	
Balanced Scorecard	

Grundsätzlich können die beschriebenen Verfahren für die Lieferantenauswahl als auch für die Lieferantenkontrolle verwendet werden. Da einige Verfahren sowohl quantitative als auch qualitative Aspekte beinhalten, ist eine eindeutige Zuordnung der Verfahrenstypen nicht immer möglich. Bei der dargestellten Einordnung kann angenommen werden, dass sich der Fokus des Verfahrens letztendlich auf das Qualitative bzw. Quantitative richtet (vgl. Janker 2004, S. 102).

Nachfolgend werden zwei Vorgehensweisen dargestellt, die häufig in der Praxis angewendet werden und eine umfassende Bewertung gewährleisten:

Balanced Scorecard

Die Balanced Scorecard (BSC) stellt ein Managementinformationssystem dar. Es führt sowohl finanzielle als auch nichtfinanzielle Kennzahlen zu einem umfassenden System zusammen (vgl. Thommen/Achleitner 2001, S. 920). Da klassische Kennzahlensysteme meist einseitig auf monetäre Größen ausgerichtet sind, verknüpft die BSC finanzielle Zielgrößen mit Leistungsperspektiven. Sie stellt ein Instrument dar, mit dem die Strategie erfolgreich umgesetzt werden soll. Dazu verwendet sie vier Perspektiven (Finanzen, Kunden, interne Prozesse sowie Lern- & Entwicklungspotenzial), von denen jede Perspektive strategische Ziele, Messgrößen, Zielwerte und Maßnahmen zur Erreichung dieser Werte beinhaltet (vgl. Arnold/Warzog 2007, S. 329). Abbildung 4.11 (vgl. Kaplan/Norton 1997, S. 9) zeigt die BSC in einer Grafik.

Abb. 4.11: Vier Perspektiven der Balanced Scorecard.

Die vier Perspektiven stehen über ein Ursache-Wirkungs-Prinzip miteinander in Beziehung. Alle Kennzahlen und Ziele der BSC sind daher mit einem oder mehreren Zielen der Finanzperspektive verbunden.

Die BSC kann für die Lieferantenbewertung auf zwei verschiedene Arten angewendet werden. Zum einen kann der Lieferant dem Abnehmer seine eigene interne BSC zur Verfügung stellen, sodass der Beschaffer Einblick in die Prozesse, Prozesskosten und Margen des Zulieferers gewinnen kann. Zum anderen kann der Abnehmer sich selbst eine eigene BSC mit Kriterien für jeden seiner Lieferanten erstellen. Die erste Möglichkeit kommt jedoch für die Praxis eher nicht infrage, da Lieferanten kaum dazu bereit sind, ihre internen Daten an Dritte weiterzugeben. Daher wird der zweite Ansatz für die Bewertung verwendet. Die klassische BSC wird dabei in eine Lieferantenbewertungs-BSC transformiert. Die vier Perspektiven werden beibehalten und auf beschaffungsrelevante Inhalte ausgerichtet (vgl. Disselkamp/Schüller 2004, S. 57–59).

Abbildung 4.12 zeigt ein Beispiel, wie für die bewertungsrelevanten Kriterien in den jeweiligen Perspektiven Ziele und Maßnahmen definiert werden können.

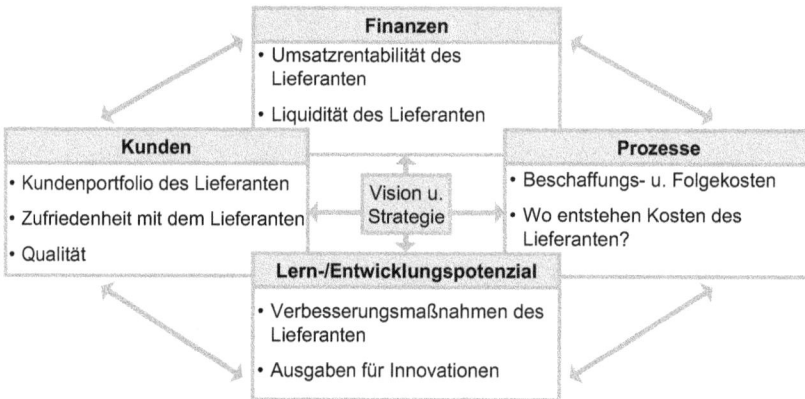

Abb. 4.12: Balanced Scorecard in der Beschaffung.

Mit der BSC ist es möglich, ein umfassendes Bild vom Lieferanten zu bekommen. Gerade im Hinblick für die Lieferantenentwicklung stellt die BSC zugleich ein Messsystem dar, mit dem vereinbarte Ziele und Maßnahmen verfolgt und kontrolliert werden können.

Allerdings ist mit der BSC ein hoher Aufwand und ein langwieriger Prozess zur Einführung verbunden (vgl. Hopfenbeck 2000, S. 752).

Scoringmodell

Ein Scoringmodell ist ein Modell, mit dem einzelne Entscheidungsalternativen auf der Grundlage von „Scores" (Urteilen) bewertet werden. Für die Lieferantenbewertung werden dabei die Gewichtungen der Kriterien mit den Ausprägungen, ausgedrückt in Punkten, Noten oder Prozenten, multipliziert (vgl. Harting 1994, S. 57).

Zunächst müssen die Kriterien ausgewählt werden, anhand derer die Lieferanten bewertet werden können. Der zweite Schritt ist, die Anforderungskriterien zu gewichten. Dabei erhält das wichtigste Kriterium den höchsten, das unbedeutendste den niedrigsten Gewichtungsfaktor. Danach werden die jeweiligen Lieferanten nach diesen Kriterien bewertet, die Ausprägungen mit den Gewichten multipliziert und diese addiert. Durch die Addition wird der Gesamtwert, der „Scoringindex" bestimmt. Der beste Lieferant ist derjenige mit dem höchsten Scoringindex (vgl. Janker 2004, S. 120).

Für die Bewertung der Erfüllungsgrade der Kriterien muss eine Skala festgelegt werden. Dies kann anhand einer Punkte-, Noten- oder Prozentskala erfolgen. Abbildung 4.13 (vgl. Verband der Automobilindustrie (VDA) 1998, S. 26) zeigt eine Punkteskala, die sich jederzeit in einen Noten- bzw. Prozentmaßstab umwandeln lässt.

Punkteskala nach VDA	Bewertung der Erfüllung einzelner Forderungen		Notenskala		Prozentskala
10	Forderungen voll erfüllt		1		100%
8	Forderungen überwiegend erfüllt; geringfügige Abweichungen		2		80%
6	Forderungen teilweise erfüllt; größere Abweichungen		3		60%
4	Forderungen unzureichend erfüllt, schwerwiegende Abweichungen		4		40%
0	Forderungen nicht erfüllt		5		0%

Abb. 4.13: Bewertungsskala.

Folgende Abbildung 4.14 (vgl. Janker 2004, S. 121) soll das Prinzip des Scoringmodells darstellen, wobei als Höchstpunktzahl beispielhaft 10 verwendet wird.

Es ist üblich, die Lieferanten in Bewertungsklassen (nicht zu verwechseln mit Lieferantenklassen) einzuteilen. Damit werden Grenzwerte für die jeweiligen Leistungs-

Hauptkriterien / Subkriterien	Gewicht		Lieferant 1		Lieferant 2	
			Punkt-zahl	Punktzahl gewichtet	Punkt-zahl	Punktzahl gewichtet
1. Mengenleistung	**30%**					
1.1 Mindestliefermenge		25%	10		6	
1.2 Mengenflexibilität		25%	8		6	
1.3 Mengenkonstanz		25%	8		6	
1.4 hohe Menge		25%	8		4	
Gewichteter Teilpunktwert			8,5		5,5	
Gewichteter Punktwert ("Score")				**2,55**		**1,65**
2. Qualität	**50%**					
2.1 Erfahrung des Lieferanten		30%	8		6	
2.2 Leistungskonstanz		30%	10		6	
2.3 Produktqualität		30%	8		6	
2.3 Mitarbeiterqualifikation		10%	8		8	
Gewichteter Teilpunktwert			8,6		6,2	
Gewichteter Punktwert ("Score")				**4,30**		**3,10**
3. Serviceleistung	**20%**					
3.1 Objektgarantie		30%	10		8	
3.2 Nachkaufsicherheit		20%	8		4	
3.3 Kulanzverhalten		20%	8		6	
3.4 Kundendienst		30%	10		6	
Gewichteter Teilpunktwert			9,2		6,2	
Gewichteter Punktwert ("Score")				**1,84**		**1,24**
Summe ("Gesamtscore")	**100%**			**8,65**		**5,99**

Abb. 4.14: Scoringmodell.

klassen gesetzt, die es ermöglichen, die Lieferanten nach ihrer Leistung in sog. Notenstufen zu segmentieren.

Tabelle 4.3 zeigt beispielhaft eine mögliche Einteilung in vier Klassen (A, AB, B,
C – vgl. VDA 1998, S. 29), die anhand der erreichten Gesamtpunktzahl in Prozent gebildet werden. Die Vierteilung bietet den Vorteil, dass der Hang zur Mitte vermieden und
so eine klare Grenze zwischen „gut" und „schlecht" gezogen wird. In der Praxis ist
häufig auch eine Dreiteilung zu finden, die sich sehr gut durch die Ampelsystematik
symbolisch darstellen lässt und so hohe Akzeptanz findet.

Tab. 4.3: Notenstufen der Lieferantenbewertung.

Notenstufen	Punktzahl in %
A	100–90 %
AB	89–80 %
B	79–60 %
C	< 60 %

Es gibt einige Aspekte, die für das Scoringmodell sprechen. Neben der Möglichkeit,
mehrere Lieferanten gleichzeitig zu bewerten (vgl. Harting 1994, S. 57), können auch
K.o.-Kriterien definiert werden (vgl. Glantschnig 1994, S. 44). Transparentere und kon-
trollierbarere Entscheidungen sprechen ebenso für ein Scoringmodell wie die leichte
Handhabung oder die Möglichkeit einer sowohl qualitativen als auch quantitativen
Bewertung.

Dem ist entgegenzusetzen, dass diese Methodik eine nicht vorhandene quantitative Genauigkeit vortäuscht, indem qualitative Eindrücke in Zahlen ausgedrückt werden (vgl. Knapp/Durst/Bichler 2000, S. 42).

4.2.9 Gestaltung der Lieferantenbewertung bei der Audi AG

Audi verfolgt das Ziel, dass zur Lieferantenauswahl nur die besten Lieferanten zur
Verfügung stehen. Aus diesem Grund wurde eine Lieferantenbewertung konzipiert,
die die Lieferanten umfassend bewertet und so die Leistungsstruktur des Lieferantenpools abbildet.

Bewertungssystematik

Die Systematik der Bewertung stellt die Grundlage einer funktionierenden Lieferantenbewertung dar. Audi achtet strikt darauf, dass die Lieferanten ganzheitlich bewertet werden. Unter „ganzheitlich" werden zwei Aspekte verstanden, die gleichzeitig die
Audi-Lieferantenbewertung charakterisieren:

1. Bewertung entlang des gesamten Produktentstehungsprozesses
    Die Lieferanten werden über alle Phasen des Produktentstehungsprozesses be-
    wertet. Audi hat den Anspruch, zu jeder Zeit mit den besten Lieferanten zu-
    sammenzuarbeiten. Das bedeutet, dass die Lieferanten sowohl in der Entwick-
    lungs- als auch in der Serienproduktionsphase bewertet werden. Gerade die
    Entwicklungsphase ist bei Audi von Bedeutung, da in dieser Phase der Grund-
    stein für ein Fahrzeugprojekt gelegt wird. Der zunehmende Entwicklungsan-
    teil von Lieferanten wird hier berechtigterweise ausreichend berücksichtigt.
    Neue, unbekannte Lieferanten werden vor einer erstmaligen Nominierung hin-
    sichtlich ihrer Leistungsfähigkeit beurteilt. Somit ergibt sich eine prozessuale
    Dreiteilung der Audi-Lieferantenbewertung, die als Funktion in Abhängigkeit
    von der Fähigkeitsbeurteilung, der Bewertung der Projektperformance (Ent-
    wicklungsleistung/-performance) und der Serienleistung interpretiert werden
    kann.
2. Bewertung über alle Fachbereiche (Crossfunktionalität)
    Zur Ganzheitlichkeit gehört das Miteinbeziehen aller lieferantenrelevanten Per-
    spektiven. Die Lieferantenbewertung bei Audi erfolgt deshalb crossfunktional
    mit den Fachbereichen Qualitätssicherung (Q), Beschaffung (B), Technische Ent-
    wicklung (E) und Produktion & Logistik (PL).

Mit dieser Bewertungssystematik ist gewährleistet, dass alle notwendigen Lieferanteninformationen gewonnen werden können. Die dadurch geschaffene fachliche
Durchgängigkeit und Lebenszyklusdurchgängigkeit bilden die Grundlage einer ganzheitlichen Bewertung der Audi-Lieferanten.

Abbildung 4.15 (Quelle: Audi AG, Müller) zeigt den Lieferantenbewertungsprozess
mit seinen drei Phasen und den beteiligten Fachbereichen (Q, B, E, PL).

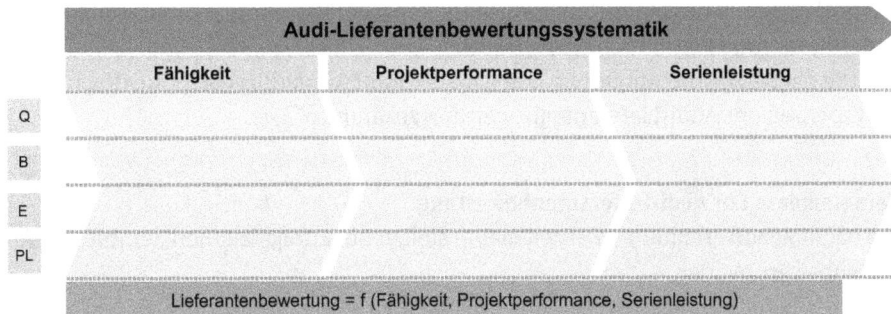

Abb. 4.15: Ganzheitliche Audi-Lieferantenbewertung.

Die drei Phasen des Bewertungsprozesses

Beurteilung der Leistungsfähigkeit

Die Beurteilung der Leistungsfähigkeit steht am Anfang des Audi-Bewertungsprozesses und findet vor der Vergabeentscheidung statt. Angewendet wird diese Bewertungsphase bei neuen, unbekannten Lieferanten oder bei Zulieferern, die hinsichtlich bestimmter Beschaffungsobjekte bzw. Technologien noch nicht mit Audi zusammenarbeiten. Zudem können neue, bisher noch unbekannte Standorte von bekannten Lieferanten eine Bewertung der Leistungsfähigkeit auslösen.

Zur Wahrung einer maximalen Objektivität und Transparenz ist darauf zu achten, dass die Fähigkeitsbewertung in einem Team, zusammengesetzt aus den Fachbereichsvertretern, vor Ort durchgeführt wird. Dabei werden die fachspezifischen Beurteilungen (Audits) durchgeführt, die dann zu einem Gesamtfähigkeitsergebnis in einem Abschlussbericht zusammengetragen werden.

Bewertung der Entwicklungsperformance

Die Bewertung der Entwicklungsperformance wird bei Audi im Verlauf des Fahrzeugprojekts standardisiert vorgenommen und findet bei Erreichung von bestimmten Projektmeilensteinen statt. Anhand definierter Kriterien erfolgt die Bewertung der Lieferantenleistung gemeinsam mit allen Fachbereichen.

Bewertung der Serienleistung

Nach Produktionsstart erfolgt die Lieferantenbewertung anhand der erbrachten Serienleistung mittels qualitativer als auch quantitativer Kriterien. Die Regel bei Audi ist, den Lieferanten in Serie halbjährlich zu bewerten. Allerdings kann dies abhängig von der Bedeutung der Werkstoffgruppe flexibel variieren. Zudem ermöglicht das Audi-Bewertungssystem einen permanenten, automatischen Abruf von messbaren Kriterien (ppm-Raten, Liefertreue etc.), sodass Leistungsabfälle sofort erkannt werden und in der Bewertung Berücksichtigung finden.

Die nachstehende Abbildung 4.16 (Quelle: Audi AG, Müller) fasst die drei Bewertungsphasen der Audi-Lieferantenbewertung zusammen.

Kernelemente der Audi-Lieferantenbewertung

Die nachfolgend erläuterten Kernelemente stellen die Erfolgsfaktoren der Audi-Lieferantenbewertung dar.

Rahmenbedingungen

Zu einer erfolgreichen Lieferantenbewertung gehören Rahmenbedingungen. Sie stellen Eckpfeiler dar, die eine Richtung vorgeben, aber auch situationsspezifischen Spielraum lassen. Abbildung 4.17 (Quelle: Audi AG, Fischer) zeigt die fünf Rahmenbedingungen der Audi AG, die nachfolgend erläutert werden.

Abb. 4.16: Lieferantenbewertungsphasen der Audi AG.

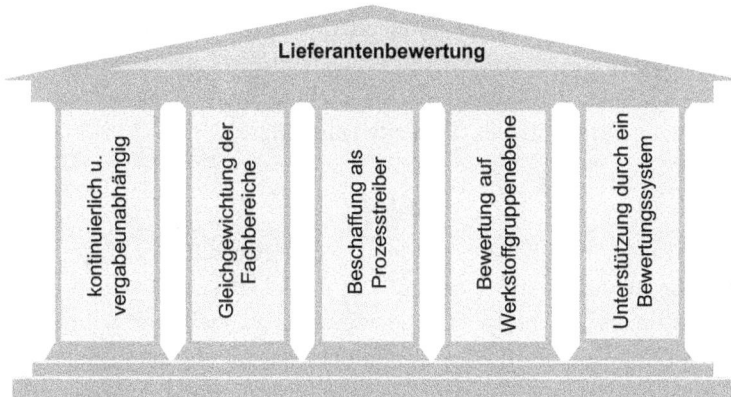

Abb. 4.17: Rahmenbedingungen der operativen Bewertung.

– Kontinuierlich und vergabeunabhängig
Die Bewertung erfolgt permanent und wird unabhängig von Vergaben vorgenommen. Es entsteht sozusagen ein Audi-Pool von bewerteten Lieferanten, von dem zu unterschiedlichen Zeitpunkten und Zwecken Gebrauch gemacht werden kann.
– Gleichgewichtung der Fachbereiche
Zu jeder Phase des Bewertungsprozesses bewerten alle Fachbereiche. So wird ein gesamtes Bild („Rundumblick") von Lieferanten erzeugt und ein Risiko durch

Informationslücken minimiert. Es bildet sich ein Gesamtergebnis, das aus den unterschiedlichen Phasen- und Fachbereichsergebnissen besteht. Um eine gerechte Bewertung zu gewährleisten, fließen die Bereichsbewertungen zu gleichen Gewichten in das Gesamtergebnis ein. Dennoch besteht die Möglichkeit, für bestimmte Werkstoffgruppen, an die verstärkt bestimmte fachspezifische Anforderungen gestellt werden, eine unterschiedliche Gewichtung zwischen den Fachbereichen vorzunehmen.

– Beschaffung als Prozesstreiber
Die Audi-Beschaffung ist der zentrale Bereich und bildet die Schnittstelle zu allen Fachbereichen sowie zum Lieferanten. Um die fachspezifischen Teilprozesse der Bewertung zu synchronisieren und die Kommunikation zum Lieferanten zu vereinheitlichen, übernimmt der Beschaffungsbereich als Verantwortlicher die Steuerung und Koordination für den gesamten Bewertungsprozess.

– Bewertung auf Werkstoffgruppenebene
Die Bewertungsergebnisse verschiedener Lieferanten müssen vergleichbar sein. Daher ist es notwendig, die Bewertung auf Werkstoffgruppenebene zu aggregieren. Damit kompensieren sich unterschiedlich ausgefallene Bewertungen verschiedener Werkstoffgruppen eines Lieferanten nicht und sind mit anderen Lieferanten der gleichen Werkstoffgruppe vergleichbar.

– Unterstützung durch ein Bewertungssystem
Um die Datenmenge verwalten und nützlich auswerten zu können, wird der Bewertungsprozess durch ein IT-System unterstützt. Neben der Archivierung und Historisierung von Bewertungsergebnissen ermöglicht es einen automatischen Workflow, der den Prozessablauf regelt. Zusätzlich wird dadurch der Aufwand in Grenzen gehalten, da sich manuelle Tätigkeiten minimieren.

Bewertungsobjekte
Von großer Bedeutung beim Audi-Konzept ist auch die Beantwortung der Frage: „Was ist in welcher Phase Gegenstand der Bewertung?". Es muss klar gestellt sein, was bewertet wird. Als Kompromiss zwischen maximalen Bewertungsdetails und geforderter Datenqualität bzw. notwendiger Informationsvielfalt bewertet Audi einen Lieferanten immer anhand der gelieferten Produkte einer Werkstoffgruppe sowie dazugehöriger Lieferstandorte.

Durchgängige Bewertungsmethode
Zur Erlangung der Vergleichbarkeit der Bewertungsergebnisse zwischen den Fachbereichen und zwischen den Bewertungsphasen ist es notwendig, die fachliche sowie prozessuale Durchgängigkeit sicherzustellen. Dies setzt voraus, dass das Bewertungsverfahren, die dazugehörige Bewertungsskala und die Notenstufen in allen Fachbereichen und Phasen Anwendung finden.

Auswertungsmöglichkeiten

Das Audi-Konzept bietet vielfältige Möglichkeiten, ein Lieferantenbewertungsergebnis auszuwerten. Es können Fachbereichs- und Phasenergebnisse oder gar Fachbereichsbewertungen innerhalb einzelner Phasen dargestellt werden. Abbildung 4.18 (Quelle: Audi AG, Müller/Fischer) zeigt das Auswertungsschema.

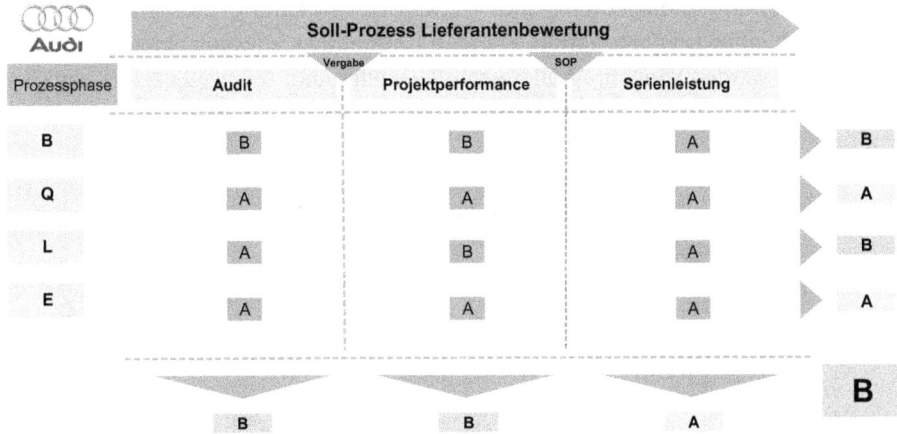

Abb. 4.18: Auswertungsmöglichkeiten der Audi-Bewertung. Legende: B – Beschaffung; Q –Qualitätssicherung; L – Logistik; E – Entwicklung

Gesamtergebnisbildung

Zur Bildung des Gesamtbewertungsergebnisses eines Lieferanten gibt es bestimmte „Spielregeln". Audi hat ein Hürdenprinzip installiert. Demnach ist ein Lieferant erst auf dem geforderten Leistungsniveau, wenn er von jedem Fachbereich mit Bestwerten bewertet wird.

Um unangemessene Kompensationseffekte zu vermeiden, sind zudem K.o.-Kriterien definiert. Diese verhindern, dass sich beispielsweise schlechte Qualitäts- mit guten Kostenniveaubewertungen kompensieren.

Identifikation und Gewichtung relevanter Kriterien

Die Kriterien sind entscheidend, um einen Lieferanten richtig bewerten zu können. Abhängig von der Werkstoffgruppe können sich die Kriterien selbst und auch deren Gewichtung unterscheiden. Audi schafft damit eine Flexibilität und kann die Bedeutung einzelner Kaufteile bei der Bewertung darstellen.

Kommunikation mit dem Lieferanten

Die Bewertungsergebnisse werden von Audi regelmäßig an den Lieferanten weitergeleitet, um Akzeptanz für die Lieferantenbewertung zu schaffen und den Effekt einer kontinuierlichen Verbesserung zu gewährleisten. Es wird darauf geachtet, dass das Ergebnis dem Lieferanten nach jeder Bewertung mitgeteilt wird. Bei möglichen Leistungslücken wird der Lieferant gleichzeitig aufgefordert, Maßnahmen zur Schließung dieser Lücken zu ergreifen. Audi kommuniziert sowohl die Phasen- als auch die Gesamtergebnisse.

Vor allem in der Entwicklungsphase ist die separate Ergebnismitteilung (Projektperformance) an den Lieferanten sehr wichtig. Nur so kann gewährleistet werden, dass im Fall eines Leistungsabfalls zeitnahe Maßnahmen zur Behebung der Probleme ergriffen werden können. Abbildung 4.19 (Quelle: Audi AG) zeigt beispielhaft das Bewertungsblatt, das nach jeder Bewertung dem Kunden zugesendet wird.

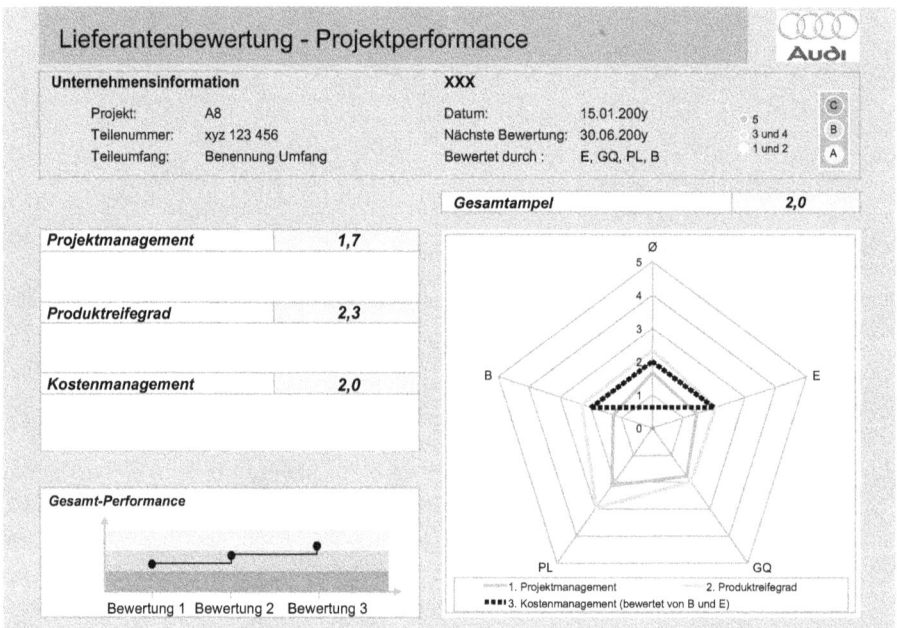

Abb. 4.19: Kommunikation der Projektperformance.

4.2.10 Umsetzung der Lieferantenbewertung in die Praxis

Zur erfolgreichen Umsetzung einer Lieferantenbewertung sind organisatorische Umstrukturierungen unumgänglich. Vor dem Hintergrund eines umfassenden Lieferantenmanagements sind die Organisation und die Prozesse in der Beschaffung entsprechend zu gestalten. Dadurch sollen die optimalen Voraussetzungen zur Einführung eines Lieferantenmanagements und zur Implementierung einer funktionierenden Lieferantenbewertungssystematik geschaffen werden.

Grundsätzlich sind drei Schritte nötig, um die Lieferantenbewertung erfolgreich zu integrieren:

Nach dem Motto „Aufbau vor Ablauf" (vgl. Kerkhoff/Michalak 2007, S. 52) ist im ersten Schritt die optimale Organisationsstruktur zu schaffen, um das Lieferantenmanagement und somit die -bewertung entsprechend der Beschaffungsstrategie im Unternehmen auszurichten.

Erst danach kann im zweiten Schritt der Bewertungsprozess mit den dazugehörigen Teilprozessen definiert werden.

Als dritter Schritt ist eine informationstechnische Unterstützung in Form eines Bewertungssystems notwendig, die die Organisation in Form der ausführenden Mitarbeiter mit dem Prozessablauf verbindet und zur Prozessrealisierung beiträgt.

Aufbauorganisation für die Lieferantenbewertung

Für die Einführung einer durchgängigen, fachbereichsübergreifenden Lieferantenbewertungssystematik ist es notwendig, die dazugehörigen Prozesse zu schaffen. Voraussetzung dafür ist eine klare Organisation der Lieferantenbewertung, die die Zuständigkeiten und Weisungsbefugnisse eindeutig regelt. Ein möglicher hierarchischer Aufbau der Bewertungsorganisation (vgl. Abbildung 4.20) stellt die Grundlage dafür dar.

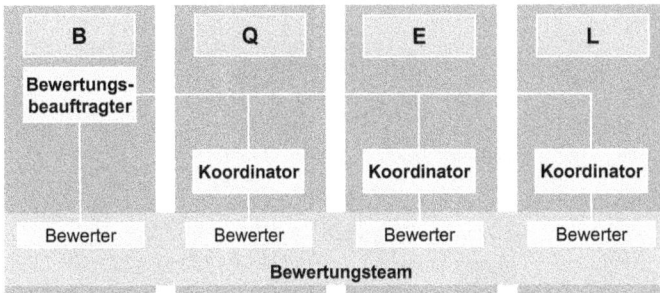

Abb. 4.20: Beispiel Bewertungsorganisation.

Um die Fachbereichsvernetzung in der Bewertung zu garantieren, muss eine Position installiert werden, die den gesamten Prozess über alle Fachbereiche hinweg fachlich verantwortet. Die zentrale Stelle hierfür ist ein Bewertungsbeauftragter. Im Rahmen seiner Kompetenz koordiniert und steuert er die Bewertungen der einzelnen Lieferanten einer Werkstoffgruppe.

Zur korrekten Durchführung der Bewertungen innerhalb der Fachbereiche ist je Fachbereich ein Koordinator notwendig. Da der Bewertungsbeauftragte idealerweise dem Beschaffungsbereich angegliedert ist, stellt er für diesen Bereich zugleich den Koordinator dar (vgl. Abbildung 4.20).

Die dritte Hierarchiestufe der Lieferantenbewertung nehmen die Bewerter ein. Sie arbeiten direkt mit den Lieferanten auf operativer Ebene zusammen und nehmen somit die Lieferantenleistungen unmittelbar wahr. Sie führen für den jeweiligen Fachbereich die operative Bewertung durch. Aufgrund der Bewertung entlang des Produkt- bzw. Beschaffungsprozesses kann es möglich sein, dass je Phase des Prozesses unterschiedliche Personen eines Fachbereichs bewerten.

Optimal ist die operative Bewertung im Team, bestehend aus den operativen Bewertern des jeweiligen Fachbereichs. Damit ist ein Höchstmaß an Transparenz und Objektivität gewährleistet.

Die beschriebene Organisation ist beispielhaft dargestellt und kann sich von Unternehmen zu Unternehmen durchaus unterscheiden. Wichtig ist, dass die Beschaffung den strategischen sowie den operativen Bewertungsprozess führt und steuert, sodass sie als Schnittstelle zum Lieferanten ihrer Beschaffungsverantwortung gerecht wird.

Ablauforganisation für die Lieferantenbewertung

Ein Lieferantenbewertungsprozess gliedert sich typischerweise in drei Phasen, die in Abbildung 4.21 dargestellt sind.

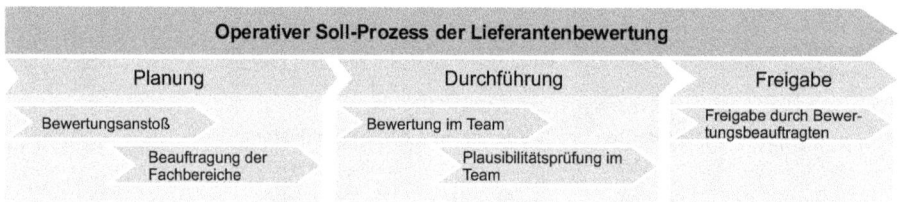

Abb. 4.21: Drei Phasen des Bewertungsprozesses.

1. Planung
    Die Planung beinhaltet den Anstoß des Bewertungsprozesses sowie die Beauftragung der Fachbereiche.
2. Durchführung
    Die Durchführung entspricht der eigentlichen Bewertung. Sie beinhaltet die Beantwortung der fachspezifischen Fragen bzw. die Überprüfung der geforderten Kriterien. Zudem muss das Ergebnis auf Plausibilität überprüft werden.
3. Freigabe
    Nach positiver Plausibilitätsprüfung wird die Bewertung zur weiteren Verwendung (Kommunikation, Lieferantenauswahl etc.) freigegeben.

Informationstechnische Implementierung der Bewertung
Um eine fachbereichsübergreifende Lieferantenbewertung in einer angemessenen Aufwand-Nutzen-Relation anwenden zu können, ist ein Informationssystem zur ganzheitlichen Abbildung des Bewertungsprozesses notwendig. An zentraler Stelle werden die Informationen gespeichert und verarbeitet. Zudem kann damit der Bewertungsprozess gesteuert und koordiniert werden.

Abbildung 4.22 (angelehnt an Knapp/Durst/Bichler 2000, S. 44) zeigt, wie die IT-Unterstützung der Lieferantenbewertung aussehen kann.

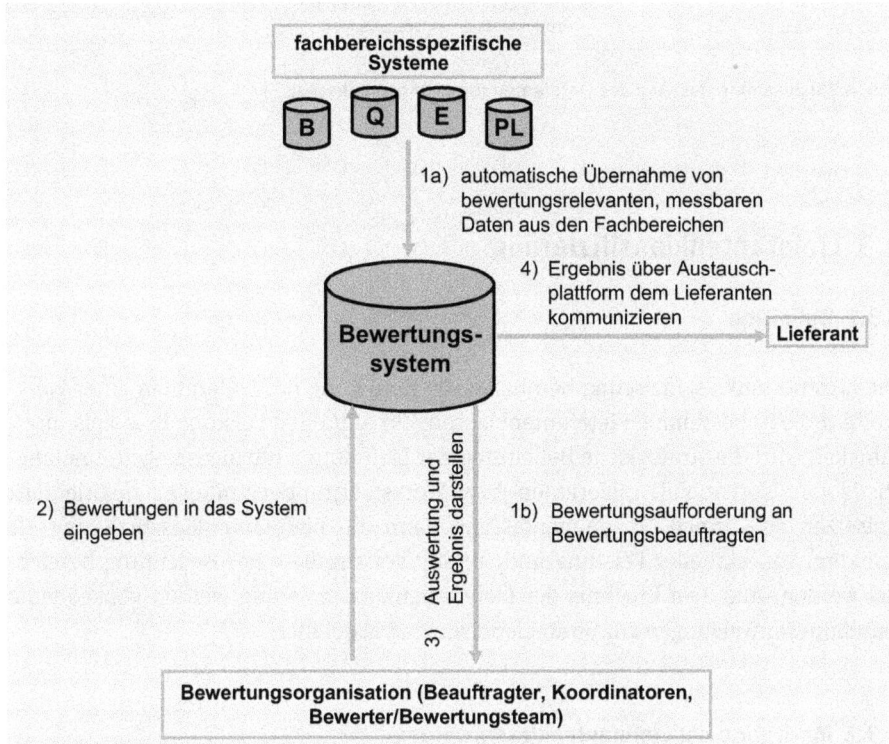

Abb. 4.22: IT-Unterstützung des Bewertungsprozesses.

Dabei ist wichtig, dass das System bewertungsrelevante, messbare Daten automatisch aus den Fachbereichssystemen übernimmt und die Bewertungsteilnehmer und -verantwortlichen per Workflow zur Bewertung auffordert (1a und 1b). Nach der Eingabe der Bewertungen in das System (2) können die Ergebnisse ausgewertet und grafisch dargestellt werden. Zur Kommunikation an den Lieferanten muss der Lieferant über eine B2B-Schnittstelle an das System angebunden sein (4).

4.2.11 Process-Summary: Lieferantenbewertung

Abbildung 4.23 (Quelle: Audi AG) zeigt die Zusammenfassung der Phase der Lieferantenbewertung.

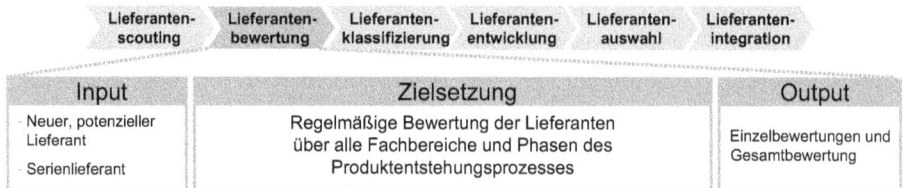

Abb. 4.23: Zusammenfassung des Lieferantenbewertungsprozesses.

4.3 Lieferantenklassifizierung

4.3.1 Definition

Die Lieferantenklassifizierung beinhaltet die Einteilung der Lieferanten einer Werkstoffgruppe in bestimmte Lieferantenklassen. Zur aktuellen Leistung bzw. Leistungsfähigkeit wird die strategische Bedeutung der Lieferanten hinzugespiegelt, um langfristig vorausschauende Lieferanten- bzw. Werkstoffgruppenstrategien zielorientiert umsetzen zu können. Zusammenfassend kann die Lieferantenklassifizierung als Funktion von aktueller Leistung und zukünftiger strategischer Bedeutung bezeichnet werden. Aus dem Ergebnis der Lieferantenklassifizierung werden konsequente Handlungsanweisungen zur Strategieumsetzung abgeleitet.

4.3.2 Motivation der Lieferantenklassifizierung

Nach dem Grundsatz, dass zur erfolgreichen Umsetzung des Lieferantenmanagements keine Lieferantenbewertung ohne Konsequenz bleiben darf, wird durch die Klassifizierung eine Grundlage zur Ableitung von Handlungsanweisungen für die weitere Zusammenarbeit mit Lieferanten geschaffen.

Operative Erfahrungen bei Audi haben gezeigt, dass dieser Teilprozess unerlässlich ist, da dadurch die strategisch wichtigsten und zukunftsfähigsten Lieferanten identifiziert werden können. Deshalb sollte dieser Phase des Lieferantenmanagements als separater Prozessschritt die nötige Aufmerksamkeit geschenkt werden. Die Handlungsempfehlungen dienen zur Ausrichtung der Lieferantenbasis auf die eigenen Beschaffungs- und Unternehmensziele.

4.3.3 Ziele und Nutzen der Lieferantenklassifizierung

Das oberste Ziel der Lieferantenklassifizierung unterstützt das generelle Ziel des Lieferantenmanagements, indem die kontinuierliche Optimierung der Lieferantenbasis vorangebracht wird.

Daraus abgeleitet, soll die Klassifizierung einen Pool an Lieferanten je Werkstoffgruppe zur Verfügung stellen, mit denen die Beschaffung ihre Strategie und Ziele umsetzen kann. Um dieses gewünschte Lieferantenportfolio je Werkstoffgruppe zu erhalten, müssen je Lieferantenklasse Empfehlungen zur weiteren Vorgehensweise in der Zusammenarbeit mit den Lieferanten definiert werden. Hierzu gilt es, die Notwendigkeit von Lieferantenentwicklungsmaßnahmen zu erkennen und gegebenenfalls anzustoßen.

Bei der Erarbeitung und Pilotierung des Lieferantenmanagements bei Audi wurde festgestellt, dass im Sinne eines ganzheitlichen, verantwortungsvollen Einkaufs auch die Finanzsituation der Lieferanten eine strategisch wichtige Rolle spielt. Daher ist die Identifikation finanzieller, unternehmerischer Risiken ebenfalls Zielsetzung der Lieferantenklassifizierung.

Wenn die Ziele der Klassifizierung erreicht werden, dann kann für das Lieferantenmanagement und die Beschaffung ein immenser Nutzen erwartet werden. Gelingt es, die Vorgaben umzusetzen, ist die Grundlage geschaffen, dem Unternehmen die strategisch bedeutsamsten und leistungsfähigsten Lieferanten zur Verfügung zu stellen (vgl. Abbildung 4.24).

- Kontinuierliche Optimierung des Lieferantenportfolios
- Aufbau eines leistungsfähigen Lieferantenpools
- Ableitung von Handlungsempfehlungen
- Kenntlichmachung und Anstoß von Lieferantenentwicklungsmaßnahmen
- Identifikation finanzieller und unternehmerischer Risiken

Strategisch bedeutsamste und beste Lieferanten

Abb. 4.24: Ziele und Nutzen der Lieferantenentwicklung.

4.3.4 Klassifizierungskriterien

Mit der Lieferantenklassifizierung sollen die wichtigsten und besten Lieferanten für das Unternehmen identifiziert werden. Dazu ist es notwendig, anhand definierter Kriterien die strategische Bedeutung und die Zukunftsfähigkeit der Lieferanten zu messen.

Es gibt mehrere mögliche Kriterien, mit denen diese Werte erfasst und zum Ausdruck gebracht werden können. Welche Merkmale speziell Anwendung finden, liegt in erster Linie am Unternehmen selbst, der Branche, der Beschaffungsstrategie und an den Zielen. Nachfolgend sind einige wichtige Kriterien erläutert:

- Bonität des Lieferanten/Wettbewerbsfähigkeit
  Um die strategische Bedeutung eines Lieferanten richtig und vor allem komplett einschätzen zu können, muss vor einer zukünftigen Zusammenarbeit dessen wirtschaftliche Situation richtig eingeschätzt werden. Zur Vermeidung von Lieferantensterben und den daraus entstehenden negativen Folgen muss geprüft werden, ob der Lieferant finanziell langfristig in der Lage ist, sein Unternehmen erfolgreich und wirtschaftlich gesund weiterzuführen.

- Wettbewerbsposition
  Es wird eingeschätzt, ob der Lieferant hinsichtlich des Preises und seiner Strategie wettbewerbsfähig ist. Überhöhte Preise über einen längeren Zeitraum könnten Hinweise für die fehlende Wettbewerbsfähigkeit sowie eine schlechte Wettbewerbsposition darstellen.

- Innovation/Technologie
  Gerade in technikgetriebenen Branchen ist es wichtig, mit Lieferanten zusammenzuarbeiten, die Technologieführer sind. Neueste Innovationen sind in diesen Märkten essenziell für die Wettbewerbsposition. Es ist notwendig, dass der Lieferant anhand seines Technologielevels und Innovationspotenzials strategisch bewertet wird (Hofbauer/Bergmann 2012).

- Qualitätspolitik/-strategie
  Qualität ist vor allem in gesättigten und von hartem Verdrängungswettbewerb gekennzeichneten Märkten ein wichtiger Erfolgsparameter. Aus diesem Grund muss die Qualitätspolitik eines Lieferanten mit der des Abnehmers übereinstimmen oder zumindest ergänzend ausgerichtet sein. Damit sollen dem Endkunden höchste Qualitätsansprüche erfüllt werden (Hofbauer/Sangl 2011, S. 152 ff.).

- Vertragliche Bindung
  Bei der Festlegung der strategischen Bedeutung müssen aktuelle Geschäftsbeziehungen und deren vereinbarte Dauer berücksichtigt werden. Beispielsweise könnten bereits gemeinsame Forschungsprojekte gestartet worden sein, was die strategische Bedeutung eines Lieferanten erhöht. Darunter fallen auch bereits vertraglich festgelegte Einkaufsvolumina aus bestehenden Geschäftsverträgen.

- Wettbewerbssituation/Marktsituation
  Dieses Kriterium beschreibt die aktuelle Situation auf dem Beschaffungsmarkt je Werkstoffgruppe. Mögliche Indikatoren können die Anzahl der Lieferanten oder die Verteilung des Einkaufsvolumens sein. So kann das Kriterium darüber Aufschluss geben, ob ein weiterer Lieferant entwickelt werden soll, um mehr Wettbewerb zur Erzielung von besseren Preisen zu schaffen.

– Logistikpolitik

In Zeiten, in denen man sich verstärkt auf die Kernkompetenzen konzentriert und dem Lieferanten mehr Wertschöpfung überlassen wird, rückt auch die Logistik in den Mittelpunkt. Um die Produktion des Endprodukts zeitlich optimal, flexibel und kostenorientiert zu gestalten, muss die Logistik auf die Situation und Strategie des Abnehmers ausgerichtet sein und sollte in der Validierung der strategischen Bedeutung des Lieferanten Berücksichtigung finden.

4.3.5 Organisation der Klassifizierung bei der Audi AG

Nachfolgende Erläuterungen stellen dar, wie die Klassifizierung reibungslos als Prozessglied in das Lieferantenmanagement integriert werden kann. Die Audi AG hat einen Teilprozess erarbeitet, der als separater Schritt die notwendige Aufmerksamkeit im Rahmen des strategischen Lieferantenmanagements bekommt.

Rahmenbedingungen

Um einen organisierten, strukturierten Ablauf der Lieferantenklassifizierung zu gewährleisten, sind Rahmenbedingungen und Grundregeln festzulegen:

Von größter Bedeutung ist, dass die Klassifizierung fachbereichsübergreifend durchgeführt wird. Zum einen wird hierdurch die Transparenz und Objektivität erhöht. Zum anderen sichert die Einbindung aller vier Fachbereiche (Beschaffung, Qualitätssicherung, Entwicklung, Produktion & Logistik) die Ausrichtung der Lieferanten- bzw. Werkstoffgruppenstrategie auf die gesamte Unternehmensstrategie.

Des Weiteren ist die Klassifizierung je Werkstoffgruppe durchzuführen. Die bereits in der Lieferantenbewertung geschaffene Vergleichbarkeit wird hiermit weitergeführt und bietet die notwendige Differenzierung für eine erfolgreiche operative Umsetzung.

Je Fachbereich ist ein Kriterium festzulegen, das die strategische Bedeutung aus Sicht des Bereichs objektiv beschreibt. Die Festlegung von einem Kriterium je Fachbereich macht die strategische Einstufung einfacher, transparenter und bietet ein richtiges Maß für die Aufwand-Nutzen-Relation.

Zur permanenten Optimierung des Lieferantenpools muss auch die Klassifizierung kontinuierlich durchgeführt werden. Durch die regelmäßige Durchführung ist eine flexible Anpassung der Lieferantenstrategie möglich.

Folgende vier Aspekte stellen zusammenfassend die Rahmenbedingungen zur Lieferantenklassifizierung bei Audi dar:

– fachbereichsübergreifende Klassifizierung
– Klassifizierung je Werkstoffgruppe
– ein objektives Klassifizierungskriterium je Fachbereich
– kontinuierliche/regelmäßige Klassifizierung

Ablauf der Klassifizierung

Zu den festgelegten, regelmäßig stattfindenden Klassifizierungsterminen legt jeder Fachbereich die fachbereichsspezifische strategische Bedeutung der Lieferanten je Werkstoffgruppe fest. In einem institutionalisierten, bereichsübergreifend besetzten Team werden die einzelnen Einstufungen zusammengetragen, um ein Lieferantenranking zu erarbeiten. Durch das Lieferantenranking wird die strategische Bedeutung ausgedrückt. Abbildung 4.25 (Quelle: Audi AG, Stuhr) zeigt den Ablauf grafisch.

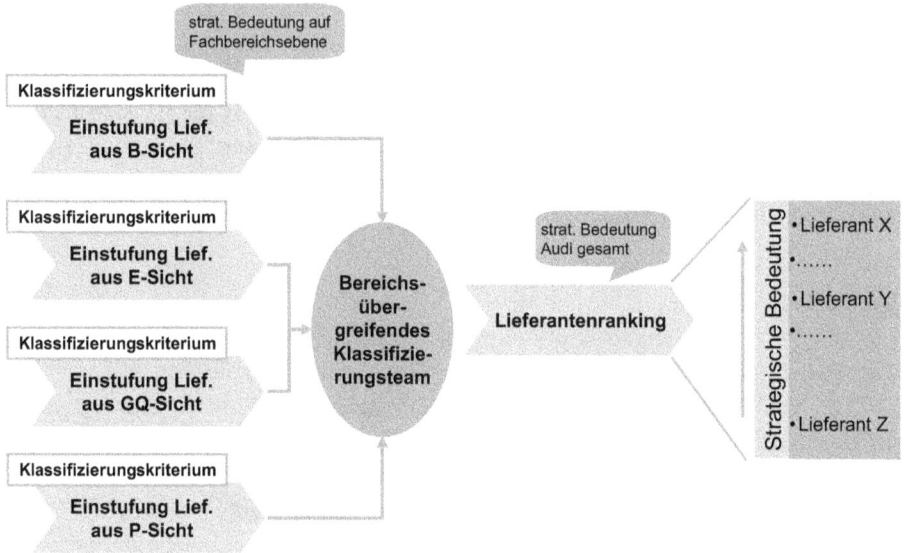

Abb. 4.25: Ablauf der Lieferantenklassifizierung.

Die Kombination der strategischen Bedeutung mit dem Ergebnis der Lieferantenbewertung ergibt das Lieferantenportfolio bezogen auf eine Werkstoffgruppe. In diesem Portfolio sind Klassifizierungsfelder festzulegen, aus denen Handlungsempfehlungen abgeleitet werden können.

Grundsätzlich ist die Einteilung der Klassifizierungsfelder offen und kann sich von Werkstoffgruppe zu Werkstoffgruppe unterscheiden. Zudem ist der Übergang zwischen den einzelnen Feldern als fließend zu betrachten. Abbildung 4.26 (Quelle: Audi AG) zeigt beispielhaft ein mögliches Standardportfolio mit den jeweiligen Handlungsempfehlungen.

Das „Ausphasen" empfiehlt die Reduzierung des Einkaufsvolumens bis zur kompletten Beendigung aller Geschäftsbeziehungen.

„Up or out" ist eine Schnittmenge aus der Klasse „Ausphasen" und „Qualifizieren". Je nachdem wie sich die aktuelle Lieferantensituation in einer Werkstoffgruppe

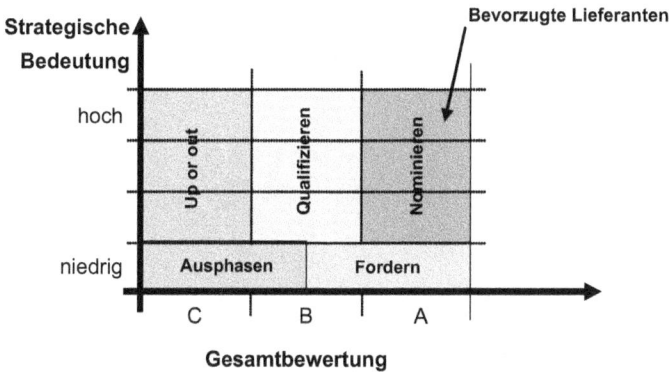

Abb. 4.26: Klassifizierungsportfolio mit Handlungsanweisungen.

darstellt, muss abgewogen werden, ob Lieferanten aufgebaut oder ausgephast werden.

Die Lieferantenklasse „Qualifizieren" verweist auf den Folgeprozess Lieferantenentwicklung. Um Lieferanten nominieren zu können, die sich in dieser Kategorie befinden, müssen diese aufqualifiziert werden.

Das gilt ebenso für das Feld „Fordern". Allerdings zielt dies auf die Eigenoptimierung des Lieferanten ab.

„Nominieren" stellt die Topklasse dar. An Lieferanten, die sich in dieser Kategorie befinden, kann jederzeit ein Auftrag vergeben werden, ohne dass vorherige Entwicklungsmaßnahmen erforderlich sind. Jedoch sollte das Instrument Lieferantenentwicklung hier nicht zurückgestellt werden, sondern permanent dazu beitragen, dass die Leistungsfähigkeit eines Toplieferanten auf Topniveau bleibt.

Um Entwicklungsbedarf deutlich zu kennzeichnen, wird sowohl die strategische Bedeutung als auch die Lieferantenbewertungsnote an einer Achse aufgetragen. So entsteht das alternative Klassifizierungsportfolio in Abbildung 4.27 (Quelle: Audi AG, Stuhr).

Durch einen vorhandenen Abstand zwischen der Lieferantenbewertung und der strategischen Bedeutung wird gekennzeichnet, dass Lieferantenentwicklung sinnvoll ist (Lieferant I und II). Lieferantenentwicklungsbedarf wird ebenfalls durch eine Abweichung von beiden Maxima (Lieferantenbewertung – A, strategische Bedeutung – hoch) verdeutlicht (Lieferant IV). Lieferant III ist im abgebildeten Beispiel der Toplieferant, da er sowohl höchstes Leistungsniveau aufweist („A") als auch eine „hohe" strategische Bedeutung hat.

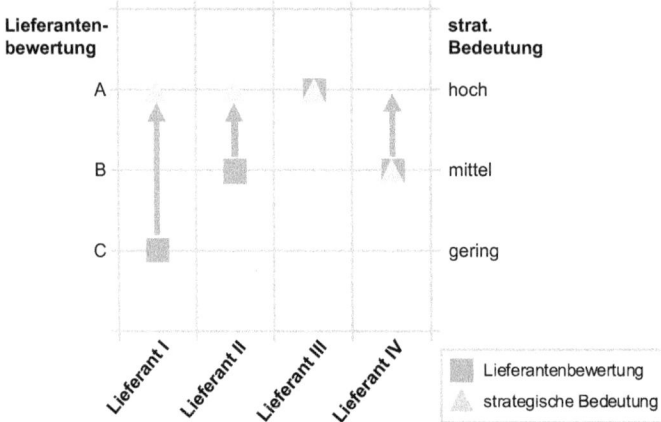

Abb. 4.27: Klassifizierungsportfolio zur Kennzeichnung von Lieferantenentwicklungsbedarf.

4.3.6 Process-Summary: Lieferantenklassifizierung

Abbildung 4.28 (Quelle: Audi AG) fasst die Phase der Lieferantenklassifizierung zusammen.

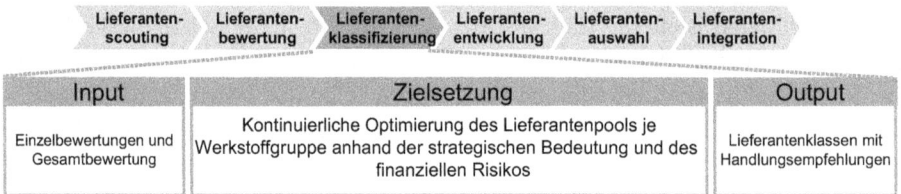

Input	Zielsetzung	Output
Einzelbewertungen und Gesamtbewertung	Kontinuierliche Optimierung des Lieferantenpools je Werkstoffgruppe anhand der strategischen Bedeutung und des finanziellen Risikos	Lieferantenklassen mit Handlungsempfehlungen

Abb. 4.28: Zusammenfassung des Lieferantenklassifizierungsprozesses.

4.4 Lieferantenentwicklung

4.4.1 Definition und Begriffsabgrenzung

Die Lieferantenentwicklung ist die Instrumentalisierung zur Maßnahmenfestlegung und -umsetzung, um den Lieferantenpool zu optimieren bzw. das Leistungsniveau der Lieferanten zu verbessern. Hinsichtlich Preis, Qualität, Technologie und Zeit wird eine Maximierung angestrebt.

Lieferantenentwicklung ist ein Oberbegriff für die Bereiche Lieferantenförderung und Lieferantenaufbau.

Die Lieferantenförderung beschreibt die Entwicklung bestehender bzw. bekannter Lieferanten durch den Abnehmer. Dieser Bereich lässt sich weiter differenzieren in reaktive und aktive Förderung der Lieferanten. Reaktiv bedeutet die kurzfristig notwendige Lieferantenhilfe im Sinne einer Task Force. Hingegen wird bei der aktiven Förderung versucht, das Leistungsniveau des Lieferanten permanent zu steigern (vgl. Wagner 2002, S. 90–92). In der Praxis wird die reaktive Förderung in der Serie und in Entwicklungsprojekten angewendet. Gerade hier sind zeitnahe Reaktionen bei Leistungseinbrüchen des Lieferanten notwendig, um endkundenwirksame Folgen zu vermeiden. Abbildung 4.29 (vgl. Wagner 2002, S. 91) zeigt einen Vergleich beider Förderungsarten.

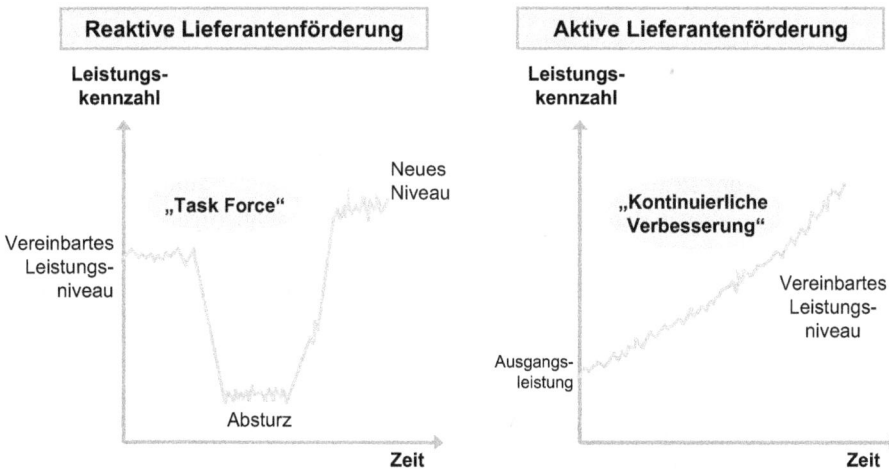

Abb. 4.29: Vergleich von reaktiver und aktiver Lieferantenförderung.

Der zweite Bereich der Lieferantenentwicklung, der Lieferantenaufbau, beschreibt die gezielte Entwicklung neuer, potenzieller Lieferanten (vgl. Wagner 2002, S. 92), mit denen noch keine Geschäftsbeziehung besteht. Diese Art von Lieferantenentwicklung soll ein ausgewogenes Lieferantenportfolio hinsichtlich Leistung und Wettbewerb sicherstellen.

Die Lieferantenentwicklung im Sinne eines strategischen Lieferantenmanagementprozesses beschreibt die aktive Lieferantenförderung und den Lieferantenaufbau. Dadurch wird die nachhaltige Optimierung des Lieferantenportfolios zielstrebig verfolgt.

Dennoch ist die reaktive Lieferantenförderung ein wichtiges, notwendiges Werkzeug, um unvorhergesehenen Leistungsabfällen von Lieferanten schnellstmöglich entgegenzuwirken. Es kommt erst dann zur Anwendung, wenn der Lieferant bereits nominiert und in Geschäftsbeziehung mit dem Abnehmer steht.

Abbildung 4.30 fasst die Teilbereiche der Lieferantenentwicklung nochmals grafisch zusammen.

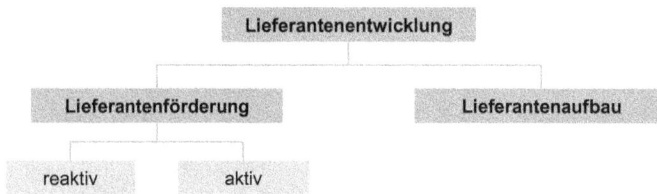

Abb. 4.30: Übersicht Lieferantenentwicklung.

4.4.2 Motivation der Lieferantenentwicklung

Die Rahmenbedingungen in der Beschaffung haben sich in den letzten Jahren stark verändert. Mit der steigenden Auslagerung der Wertschöpfung nahm die Abhängigkeit der Abnehmer von den Lieferanten ständig zu. Zur nachhaltigen Sicherung des Unternehmenserfolgs liegt es in der Verantwortung der Abnehmer, die Lieferantenleistung sicherzustellen und zu maximieren. Hier setzt die Lieferantenentwicklung an.

Um dem Trend der Lieferantenkonsolidierung und der damit verbundenen Verschiebung des Machtgefälles vom Abnehmer zum Lieferanten entgegenzuwirken, wird durch die Entwicklung von Lieferanten permanent versucht, ausreichenden Wettbewerb zu generieren und die Machtverteilung ausgewogen zu gestalten.

Ein offener und fairer Umgang mit Geschäftspartnern ist die Voraussetzung für die erfolgreiche Gestaltung von Lieferbeziehungen. Dabei ist ein Vertrauensverhältnis notwendig, das auch die Lieferanten dazu motiviert, mit dem jeweiligen Abnehmer zusammenzuarbeiten und das Know-how dafür zur Verfügung zu stellen. Die Lieferantenentwicklung soll den Rahmen für eine kooperative Zusammenarbeit schaffen und die Lieferantenkompetenz sichern.

Produkte und Prozesse werden zunehmend komplexer. Um dieser steigenden Komplexität gerecht zu werden, ist es sinnvoll, Lieferanten aktiv auf das dazu notwendige Leistungsniveau zu bringen, d. h. die Lieferanten zu entwickeln.

4.4.3 Ziele und Nutzen der Lieferantenentwicklung

Dem Hauptaugenmerk, das Lieferantenportfolio zu optimieren, können mehrere Teilziele zugeordnet werden.

Neben der Schaffung von Wettbewerb hinsichtlich Kosten, Technologie, Qualität und Zeit verfolgt die Lieferantenentwicklung die ständige Verbesserung des Leistungslevels der Lieferanten.

Daraus unmittelbar folgend ist die Sicherstellung der Versorgungssicherheit ein erklärtes Ziel der Lieferantenentwicklung (vgl. Wagner 2003, S. 46). Bei der Lieferantenkonsolidierung ist von immenser Bedeutung, den Zugang zu den leistungsfähigsten Lieferanten zu sichern. Durch die Entwicklung von Lieferanten auf das gewünschte Leistungs- und Lieferniveau soll dieses Ziel erreicht werden.

Eine erfolgreiche Implementierung der Lieferantenentwicklung zieht unmittelbaren Nutzen nach sich. Das aktive Heranführen von Lieferanten auf ein gewünschtes Level sichert das vorhandene Lieferantenpotenzial ab (vgl. Hartmann 2004, S. 57) und sorgt für Nachhaltigkeit in den Lieferantenbeziehungen. Operativ folgt die Zusammenarbeit ausschließlich mit Toplieferanten.

Gelingt es durch die Lieferantenentwicklung, ein qualitativ hochwertiges Lieferantenportfolio mit ausreichendem Wettbewerb aufzubauen, ist es möglich, mit einer begrenzten Anzahl von Lieferanten zusammenzuarbeiten. Es reicht aus, mit den bekannten, leistungsfähigen Lieferanten zu kooperieren, wodurch der Aufwand zur Gestaltung erfolgreicher Lieferantenbeziehungen gering gehalten wird. Die Prozesse und Strukturen der Geschäftspartner sind gegenseitig bereits bekannt.

Eine wichtige und nützliche Folge ist die Risikominimierung hinsichtlich finanzieller Stabilität, Kosten, Qualität und Zeit. Durch das strategische und systematische Entwickeln von Lieferanten vor einer Vergabe stellt man sicher, dass potenzielle Risikobereiche vorab erkannt und eliminiert werden. Mit dem Begriff „Frontloading" wird der frühzeitig geplante Ressourceneinsatz bezeichnet, um Risiken von späteren Task-Force-Einsätzen zu minimieren.

Die strukturierte Vorgehensweise ermöglicht die Abschätzung des Aufwands für eine entsprechende Lieferantenentwicklung. Dadurch kann die Gesamtwirt-

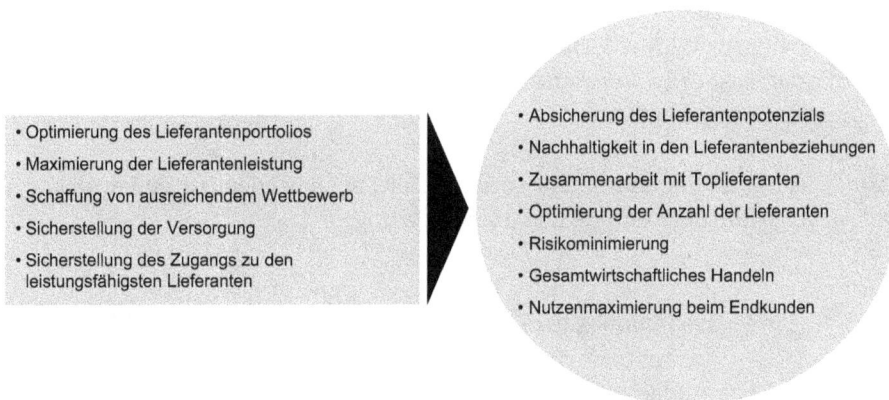

- Optimierung des Lieferantenportfolios
- Maximierung der Lieferantenleistung
- Schaffung von ausreichendem Wettbewerb
- Sicherstellung der Versorgung
- Sicherstellung des Zugangs zu den leistungsfähigsten Lieferanten

- Absicherung des Lieferantenpotenzials
- Nachhaltigkeit in den Lieferantenbeziehungen
- Zusammenarbeit mit Toplieferanten
- Optimierung der Anzahl der Lieferanten
- Risikominimierung
- Gesamtwirtschaftliches Handeln
- Nutzenmaximierung beim Endkunden

Abb. 4.31: Ziele und Nutzen der Lieferantenentwicklung.

schaftlichkeit berücksichtigt und im Sinne eines Gesamtkostenansatzes gehandelt werden.

In Summe trägt die Lieferantenförderung bzw. der -aufbau zur Kundenwertmaximierung bei. Die permanente Verbesserung der Lieferantenleistung hinsichtlich Kosten, Technologie, Qualität und Zeit schafft Endkundennutzen und steigert die Endkundenzufriedenheit.

Abbildung 4.31 fasst Ziele und Nutzen der Lieferantenentwicklung zusammen.

4.4.4 Möglichkeiten der Lieferantenentwicklung

Lieferanten können auf zwei Arten entwickelt werden:
1. Eigenoptimierung durch den Lieferanten selbst
2. aktive Entwicklung durch den Abnehmer in Zusammenarbeit mit dem Lieferanten

In aller Regel erfolgt die Eigenoptimierung der Lieferanten über Zielvereinbarungen. Abgeleitet aus der Lieferantenbewertung und -klassifizierung werden die Verbesserungspotenziale festgelegt und mit Zielwerten verknüpft. Zusätzlich muss ein Zeitraum vereinbart werden, in dem der Lieferant die Ziele zu erreichen hat. Spätestens nach Ablauf der Frist erfolgt eine Neubewertung des Lieferanten zur Erfolgskontrolle.

Ein Eigenoptimierungseffekt kann auch erreicht werden, wenn es gelingt, einen angemessenen Lieferantenwettbewerb zu schaffen. Allerdings ist die Steuerung und Kontrolle dieser Verbesserung aktiv kaum möglich.

Die aktive Entwicklung von Lieferanten durch den Abnehmer bietet verschiedene Möglichkeiten. Nachfolgend sind diese Möglichkeiten aufgelistet (vgl. Büsch 2007, S. 243):
-   prozessorientierte, operative Beratung
-   Know-how-Transfer
-   Beratung zu strategischen Fragestellungen
-   Unterstützung bei Markteintritt
-   Transfer personeller Ressourcen
-   finanzielle Unterstützung

Das Identifizieren von Entwicklungsbedarf erfolgt auch bei der aktiven Entwicklung über die Lieferantenbewertung und -klassifizierung.

4.4.5 Operative Durchführung der Lieferantenentwicklung bei der Audi AG

Die Audi AG hat die Lieferantenentwicklung entlang des gesamten Produktentstehungsprozesses ausgerichtet. Dadurch wird die jederzeitige Interventionsmöglichkeit zur Steigerung der Lieferantenleistung sichergestellt und trägt der zunehmenden Abhängigkeit vom Beschaffungsmarkt Rechnung.

Wie bei der Lieferantenbewertung lässt sich die Lieferantenentwicklung – entsprechend dem Produktentstehungsprozess – in drei Phasen einteilen: Die Lieferantenentwicklung vor der Lieferantenauswahlentscheidung, während des Entwicklungsprozesses und in der Serienproduktionsphase. Abbildung 4.32 (Quelle: Audi AG, Fritsche) zeigt die Möglichkeiten der Lieferantenentwicklung vor der Vergabe (I), während der Produktentwicklung (II) sowie der Serienproduktion (III).

In jeder Phase kann der Entwicklungsfokus differenziert werden. Unterschieden wird dabei zwischen neuen, unbekannten Lieferanten und bekannten Zulieferern. Zudem verfolgt jede der drei Phasen eine konkrete Zielsetzung und ermöglicht ein systematisches Vorgehen.

Das Ziel „FIT für Vergabe" verfolgt dabei die Absicht, die Lieferanten bereits vor einer Nominierung auf ein Topleistungsniveau zu bringen. Dadurch stehen schon in der Entwicklungsphase und in der anschließenden Produktionsphase leistungsstarke Lieferanten zur Verfügung.

„FIT für Serie" zielt auf die dritte Phase im Produktentstehungsprozess, die Serienproduktion, ab. Die Zulieferer werden insbesondere auf die folgende Serienproduktion hin entwickelt.

Während der Serienproduktion („Leistungsniveau halten und BeneFIT generieren") ist die Leistungskontinuität und die permanente Prozess- und Produktverbesserung das Ziel.

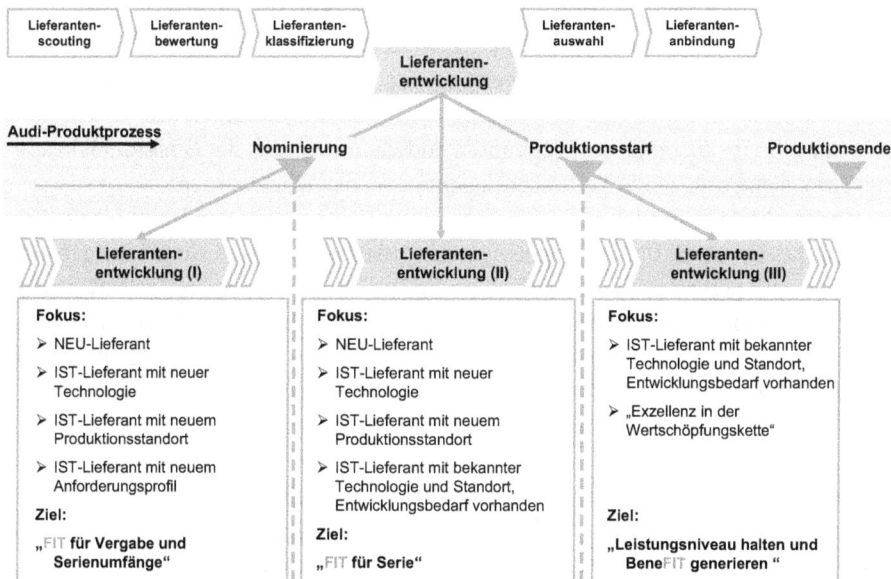

Abb. 4.32: Möglichkeiten der Lieferantenentwicklung bei Audi.

Über alle Phasen im Produktentstehungsprozess (Hofbauer/Sangl 2011, S. 320 ff.) ist ein Lieferantenentwicklungsprozess notwendig, der eine zielorientierte Systematik und dadurch Transparenz sicherstellt. Der Audi-Prozess ist in vier Teilentwicklungsprozesse gegliedert:

1. Vorbereitung
2. Analyse
3. Umsetzung
4. Controlling

Die Phasen Vorbereitung, Analyse und Umsetzung können dabei in interne und externe Teilprozesse aufgeteilt werden, da jeweils sowohl Audi als auch der Lieferant dazu beitragen muss.

In der Vorbereitung wird nahtlos an die Lieferantenbewertung bzw. -klassifizierung angeknüpft, sobald dort Entwicklungsbedarf identifiziert wurde. Die Bewertungs- und Klassifizierungsdetails dienen dazu, die Verbesserungsbereiche aufzuzeigen.

Um eine Lieferantenentwicklung durchführen zu können, ist ein Commitment des Lieferanten einzuholen. Dadurch wird die aktive Bereitschaft des Lieferanten zur Weiterentwicklung signalisiert, was unerlässlich für den Erfolg ist.

Dazu muss vorbereitend ein Projektteam, das sowohl aus Audi- als auch aus Lieferantenmitgliedern besteht, gebildet werden. Audi definiert dabei die Ziele, den Ablauf sowie den Terminplan. Dies dient in Abstimmung mit dem zu entwickelnden Lieferanten als Grundlage für das weitere Vorgehen.

Wenn alle Vorbereitungen getroffen sind, dann müssen zur Identifizierung von Fehlerquellen die vorhandenen Daten ausgewertet werden. Zur internen Analyse kann hierzu wiederum die Lieferantenbewertung und -klassifizierung herangezogen werden. Zusätzlich sind auch externe Untersuchungen beim Lieferanten von Vorteil. Nach Erfassung des Ist-Zustands des Lieferanten und Identifizierung der Fehlerquellen können daraus entsprechende Verbesserungsprojekte abgeleitet werden.

Die konkrete Definition von Verbesserungsprojekten stellt den Input für die Umsetzung dar. Bevor die Umsetzung beim Lieferanten beginnt, sind zunächst noch einige Vorbereitungen zu treffen. Dazu gehört die Definition von konkreten Maßnahmen und Zielvereinbarungen mit dem Lieferanten. Um den Erfolg sowie die Zielerreichung messen zu können, sind Kennzahlen festzulegen. Erst danach folgt die Implementierung beim Lieferanten. Die Umsetzung ist erst abgeschlossen, wenn die Maßnahmen nachhaltig implementiert worden sind und dadurch die Zielvereinbarungen uneingeschränkt erfüllt werden.

Die Entscheidung darüber, welche Art von Entwicklung durchgeführt wird, wird in der Umsetzungsphase nach den vorbereitenden Tätigkeiten getroffen. Erst jetzt kann abgeschätzt werden, welcher Aufwand investiert werden muss. Dabei können aus Sicht der Audi AG drei unterschiedliche Entwicklungsarten Anwendung finden:

- Lieferanten-Selbstentwicklung
  Der Lieferant optimiert seine Prozesse und Produkte selbst. Es kann auch die Zuhilfenahme von externen Experten angefordert werden. Audi überwacht den Entwicklungsprozess.
- Gemeinsame Lieferantenentwicklung
  Audi setzt hier aktiv beim Lieferanten bei der Umsetzung der Verbesserungsprojekte an. Gemeinschaftlich wird an der Implementierung der Maßnahmen gear-
  beitet.
- Weiterentwicklung seitens Audi
  Möglicherweise muss Audi Änderungen vornehmen, damit sich der Lieferant verbessern kann. Dabei optimiert Audi seine internen Prozesse, was die Leistungs-
  verbesserung des Zulieferers erst möglich macht.

Abbildung 4.33 (Quelle: Audi AG, Fritsche) fasst die Entwicklungsarten zusammen.

Abb. 4.33: Lieferantenentwicklungsmöglichkeiten der Audi AG.

Zur Sicherstellung der nachhaltigen Verbesserung der Entwicklungsmaßnahmen
muss nach der Umsetzungsphase ein Controllingprozess installiert werden. In Form
von den zuvor definierten Kennzahlen als auch durch Einzelwerte aus der Lieferantenbewertung kann gemessen und kontrolliert werden, ob ein langfristiger Erfolg zu
verzeichnen ist.

Nachfolgend fasst Abbildung 4.34 (Quelle: Audi AG, Fritsche) den Entwicklungsprozess übersichtlich zusammen.

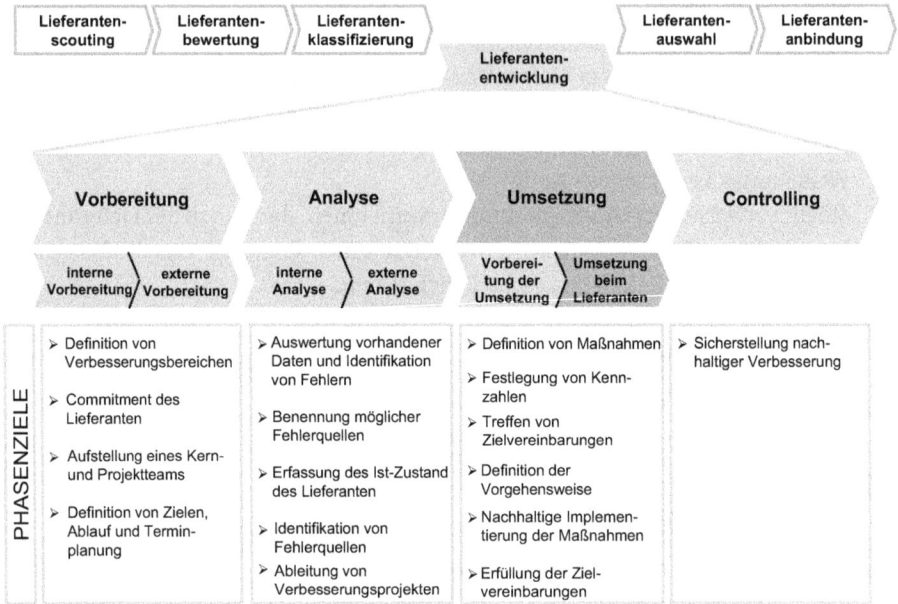

Abb. 4.34: Der Lieferantenentwicklungsprozess.

4.4.6 Process-Summary: Lieferantenentwicklung

Abbildung 4.35 (Quelle: Audi AG) fasst den Teilprozess der Lieferantenentwicklung nochmals zusammen:

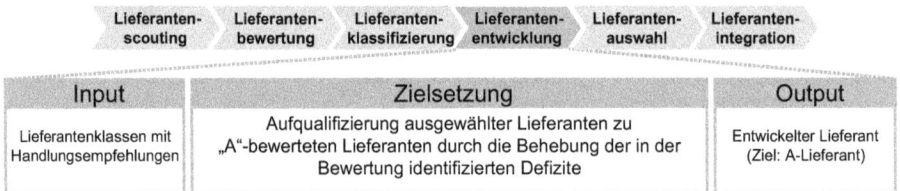

Abb. 4.35: Zusammenfassung des Lieferantenentwicklungsprozesses.

4.5 Lieferantenauswahl

4.5.1 Die Entscheidung als letzter Schritt im Auswahlprozess

Zur Umsetzung der Beschaffungsstrategie sind geeignete Lieferanten notwendig. Ein entsprechender Beschaffungsmarktanalyseprozess dient zur Gewinnung der notwendigen Informationen, um als Output die richtige Lieferantenauswahl zu treffen (vgl. Schönsleben 2007, S. 88–89 und Hofbauer/Bauer 2004, S. 52 ff.). Die Lieferantenauswahl steht am Ende des Vergabeprozesses (vgl. Abbildung 4.36) und legt den bzw. die Lieferanten fest, mit denen zukünftig zusammengearbeitet werden soll.

| Anfragephase | Angebots-phase | Verhandlungs-phase | Vorauswahl | Vorklärung | Lieferanten-auswahl |

Abb. 4.36: Vergabeprozess.

Ein integriertes Lieferantenmanagement stellt Informationsquellen und Werkzeuge zur Verfügung, die zu einer optimalen Lieferantenauswahl führen. Die Prozesse Scouting, Bewertung, Klassifizierung und Entwicklung schaffen die Voraussetzungen, welche die strategischen Lieferantenauswahlentscheidungen zugunsten der leistungsfähigsten Lieferanten zulassen.

4.5.2 Sourcingstrategien

Zur richtigen Lieferantenauswahl (Sourcing) muss die Beschaffungsstrategie des Unternehmens berücksichtigt werden. Daher sind im Rahmen des Lieferantenmanagements diese Strategien zu überprüfen. Beschaffungsstrategien können nach geografischen Gesichtspunkten, nach Anzahl der möglichen Lieferanten, nach Umfang der benötigten Leistung (vgl. Hofbauer/Bauer 2004, S. 22) sowie nach dem Zeitpunkt der Lieferantenauswahl definiert werden. Diesen Strategien stehen gewisse Vorteile und Nachteile gegenüber, welche Einfluss auf die Kosten und die Abhängigkeit vom Lieferanten haben. Es lassen sich vier verschiedene Sourcingstrategien unterscheiden, deren Kenntnis zum vollständigen Verständnis der Zusammenhänge im modernen Beschaffungs- und Lieferantenmanagement notwendig erscheint.

Global Sourcing ist im Gegensatz zum regional begrenzten Beschaffen die systematische Ausdehnung der Beschaffungspolitik auf internationale Beschaffungsquellen (vgl. Hofbauer/Bauer 2004, S. 23). Möchte ein Unternehmen auf dem internationalen Beschaffungsmarkt tätig sein, so muss es sich der jeweiligen Länderrisiken bewusst sein. Politische, wirtschaftliche Risiken, Wechselkursschwankungen, Transportrisiken und Qualitätsrisiken müssen genau eingeschätzt werden, um effizient beschaffen zu können. Diesen Risiken stehen Möglichkeiten zur Senkung von Materialkosten, die Verminderung der Abhängigkeit von inländischen Lieferanten und sogar die Schaffung neuer Absatzmärkte durch Kontakte im Rahmen der Beschaffungsaktivitäten gegenüber (vgl. Ehrmann 2004, S. 100).

Wenn ein Unternehmen sich nur auf eine Bezugsquelle konzentriert und mit diesem Zulieferer eine intensive Beziehung eingeht, spricht man von Single Sourcing. Neben günstigeren Preisen, da sich das Bestellvolumen konzentriert, können vor allem logistische und qualitative Vorteile erzielt werden (vgl. Hofbauer/Bauer 2004, S. 25). Es wird also eine gleichmäßige Qualität sichergestellt. Ein weiterer Vorteil ergibt sich durch die Verminderung der Kapitalbindung. Durch dieses Abhängigkeitsverhältnis wird jedoch jeglicher Wettbewerb unter den Zulieferern eliminiert, es können Probleme beim Wechsel des Zulieferers auftreten. Muss eine hohe Versorgungssicherheit gewährleistet sein, so empfiehlt sich die Strategie des Multiple Sourcings. In diesem Fall wird das Beschaffungsgut von mehreren Lieferanten bezogen.

Bei Modular Sourcing überträgt der Abnehmer dem Lieferanten mehrere Wertschöpfungsstufen der Produktion und bezieht einbaufertige Module und Systeme für die Endmontage (vgl. Hofbauer/Bauer 2004, S. 27). Im Zuge der zunehmenden Auslagerung von Wertschöpfungstiefe an Lieferanten hat in der Praxis eine deutliche Verschiebung weg vom Einzelkomponenten- hin zum Systembezug stattgefunden.

Beschaffungsstrategien können auch anhand des Zeitpunkts der Lieferantenfestlegung festgelegt werden. Gekoppelt mit dem Trend hin zum Einkaufen ganzer Systeme ist die Entwicklung hin zur frühzeitigen Lieferantenauswahl – Advanced Sourcing oder Forward Sourcing – zu erkennen. Das Ziel dabei ist die rechtzeitige Abstimmung der Prozesse und Schnittstellen zum Lieferanten auf Effizienz und Effektivität.

Der Erfolg der Unternehmensbeschaffung wird in erster Linie von der richtigen Ausgewogenheit dieser unterschiedlichen Herangehensweisen abhängig sein. Abbildung 4.37 (vgl. Krokowski 2007, S. 444) zeigt die Kriterien im Überblick, durch die sich die einzelnen Sourcingstrategien unterscheiden lassen.

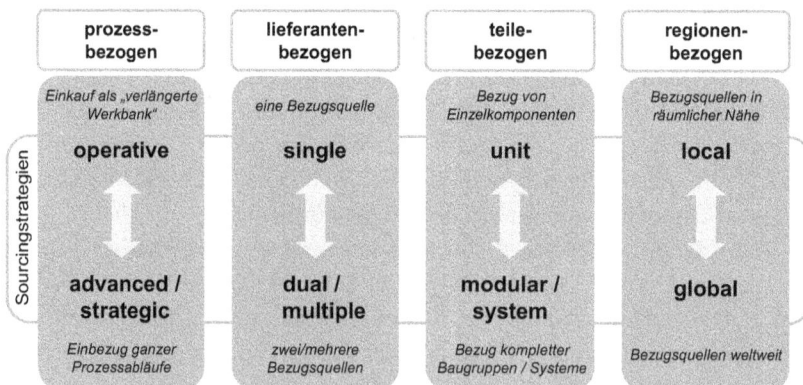

Abb. 4.37: Sourcingstrategien.

In der Praxis wird keine Strategie zu finden sein, die sich nur einer dieser vier Strategie-Arten bedient. Um den maximalen Erfolg hinsichtlich Qualität, Preis, Innovation, Wettbewerb, Flexibilität und Service zu generieren, wendet die Praxis Gesamtstrategien an, die aus den genannten vier Bereichen zusammengesetzt werden.

4.5.3 Rahmenbedingungen der Lieferantenauswahl

Im Zuge immer komplexer werdender Beschaffungsobjekte und -netzwerke stellen die Auswahlentscheidungen neue Anforderungen im Vergabeprozess. Das Risiko fehlerhafter Entscheidungen soll minimiert werden. Dadurch ist eine Entscheidung allein auf Basis eines eindimensionalen Angebotsvergleichs nicht mehr ausreichend.

Abbildung 4.38 (vgl. Büsch 2007, S. 240) stellt die Anforderungen an die Lieferantenauswahlentscheidung in einem Überblick dar.

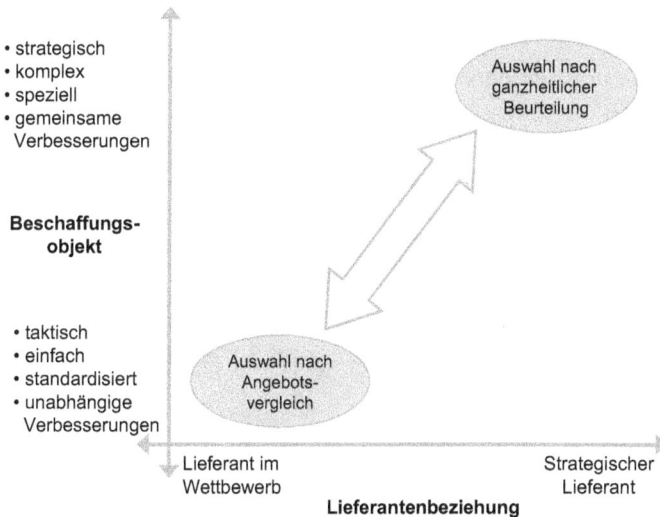

Abb. 4.38: Anforderungen an die Lieferantenauswahlentscheidung.

Für transparente, nachvollziehbare Sourcingentscheidungen ist ein umfassender Lieferantenvergleich sicherzustellen. Hierzu sind Rahmenbedingungen notwendig, die eine ganzheitliche Beurteilung ermöglichen.

Die Kunst besteht darin, die Auswahl so zu gestalten, dass die zur Verfügung gestellten Informationen einerseits einen umfassenden Lieferantenvergleich, andererseits aber die Standardisierung des Entscheidungsprozesses zulassen.

Wichtig für objektive Entscheidungen ist ein crossfunktionaler Entscheidungsansatz. Um den Rundumblick auf den Lieferanten in jeder Phase des Lieferantenmanagements sicherzustellen, muss auch beim Entscheidungsprozess jeder Fachbereich eingebunden sein.

Zusätzlich ist die Bestimmung von Entscheidungsparametern notwendig, auf deren Grundlage die Entscheidung getroffen werden kann. Folgende Entscheidungsparameter sind für die Auswahlentscheidung unerlässlich:

– Leistungsfähigkeit der Lieferanten
– Notwendige Maßnahmen zur Lieferantenentwicklung zur Erreichung der gewünschten Leistungsfähigkeit
– Gesamtumsatz über die Laufzeit für den vorliegenden Entscheidungsgegenstand
– Gesamtkosten

Zur Schaffung der notwendigen Rahmenbedingungen müssen Werkzeuge zur Verfügung gestellt werden.

4.5.4 Die Lieferantenauswahl im Lieferantenmanagement bei der Audi AG

Der Auswahlprozess von Audi zielt darauf ab, Aufträge nur an A-Lieferanten (d. h. die Lieferanten mit bestem Bewertungsergebnis) zu vergeben. Die Lieferantenauswahl basiert auf den vorgelagerten Teilprozessen des Lieferantenmanagements, das einen optimierten Lieferantenpool für die Vergabeprozesse zur Verfügung stellt. Anhand klarer Regeln wird festgelegt, welche Lieferanten wann für eine Nominierung herangezogen werden dürfen.

So dürfen im Sinne eines ausreichenden Wettbewerbs A- und B-bewertete Lieferanten grundsätzlich angefragt werden. Die Vergabe darf an A-Lieferanten erfolgen, die strategisch auch „vergabefähig" sind. Eine Vergabe an B-Lieferanten ist nur er-

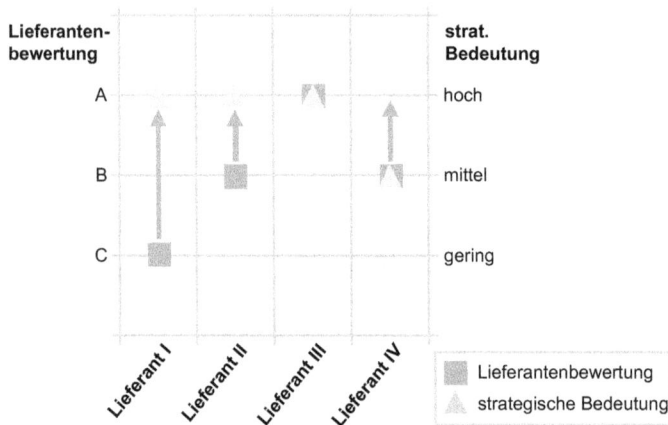

Abb. 4.39: Aufqualifizierung eines Lieferanten zur Vergabefähigkeit.

laubt, wenn sich durch vorausgehende Aufqualifizierungsmaßnahmen ein vergabe-
fähiger Status erreichen lässt. Abbildung 4.39 (Quelle: Audi AG, Stuhr) zeigt beispielhaft, in welche Richtung ein Lieferant entwickelt werden muss, um nominiert werden zu können. Wie unter 4.3 bereits erläutert, werden auf Basis der Klassifizierung
Entwicklungsmaßnahmen festgelegt. Lieferanten, die mit „C" bewertet wurden, sind
für weitere Vergaben gesperrt, jedoch besteht für diese Lieferanten weiterhin jederzeit
die Möglichkeit, sich für zukünftige Projekte zu qualifizieren. Voraussetzung dazu ist,
dass die festgestellten Mängel nachweislich behoben sind.

4.5.5 Werkzeuge zur Unterstützung der Lieferantenauswahl

Ergebnisse der Lieferantenbewertung
Die Lieferantenbewertung stellt nicht nur die Grundlage eines erfolgreichen Lieferantenmanagements dar, sondern ist auch ein wichtiger Eckpfeiler der Auswahlentscheidung. Dabei ist es wichtig, die Stärken und Schwächen der zur Auswahl stehenden
Lieferanten kenntlich zu machen.

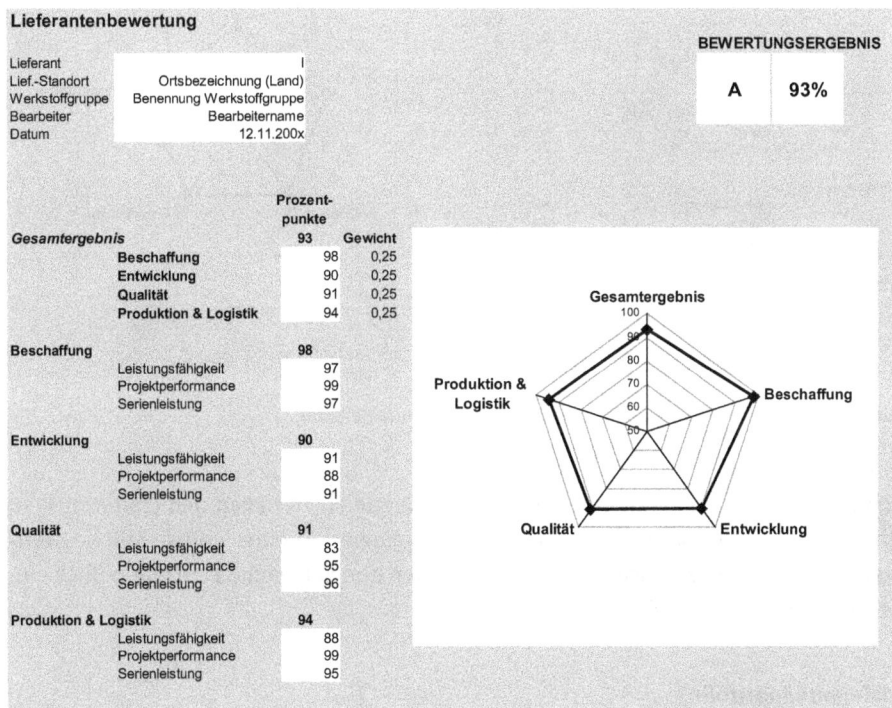

Abb. 4.40: Spinnennetzdiagramm.

Zur grafischen Darstellung sind sog. Spinnennetzdiagramme sehr gut geeignet. Abgeleitet aus den Einzelbewertungen lassen sich die jeweiligen Ausprägungen in einem solchen Diagramm abbilden (vgl. Abbildung 4.40).

Je nach Informationsbedarf kann die Darstellung der Spinne variiert werden. Fallspezifisch kann es von Vorteil sein, beispielsweise nur die Serienleistung zu betrachten. Abbildung 4.41 zeigt hierzu ein Beispiel.

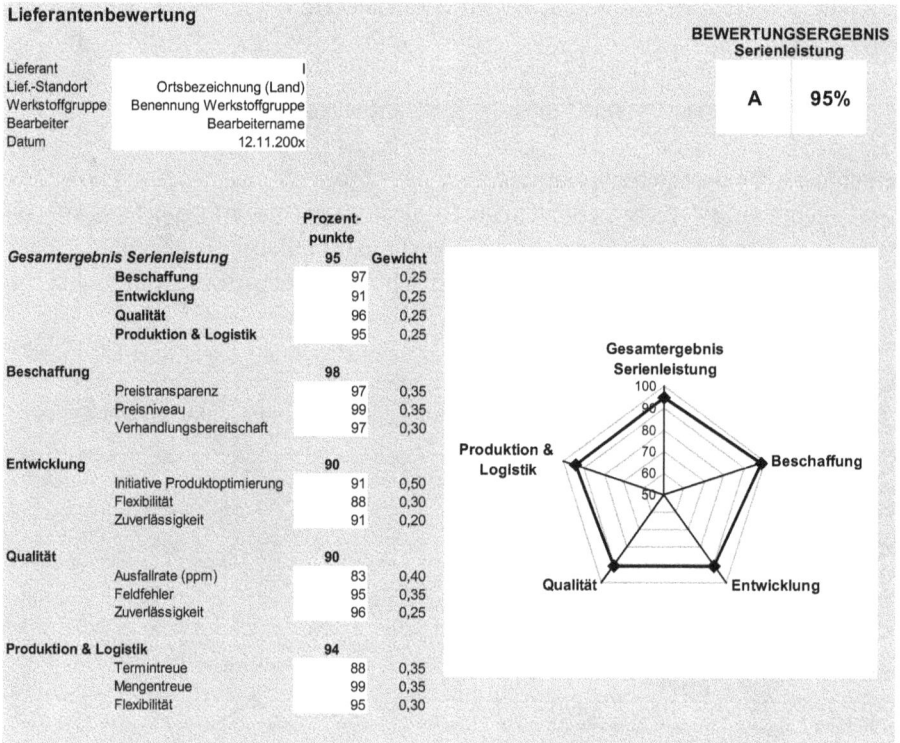

Lieferantenbewertung

BEWERTUNGSERGEBNIS
Serienleistung

Lieferant	I	
Lief.-Standort	Ortsbezeichnung (Land)	
Werkstoffgruppe	Benennung Werkstoffgruppe	
Bearbeiter	Bearbeitername	
Datum	12.11.200x	

A   95%

	Prozent-punkte	Gewicht
Gesamtergebnis Serienleistung	95	
Beschaffung	97	0,25
Entwicklung	91	0,25
Qualität	96	0,25
Produktion & Logistik	95	0,25
Beschaffung	98	
Preistransparenz	97	0,35
Preisniveau	99	0,35
Verhandlungsbereitschaft	97	0,30
Entwicklung	90	
Initiative Produktoptimierung	91	0,50
Flexibilität	88	0,30
Zuverlässigkeit	91	0,20
Qualität	90	
Ausfallrate (ppm)	83	0,40
Feldfehler	95	0,35
Zuverlässigkeit	96	0,25
Produktion & Logistik	94	
Termintreue	88	0,35
Mengentreue	99	0,35
Flexibilität	95	0,30

Gesamtergebnis Serienleistung
Produktion & Logistik – Beschaffung – Entwicklung – Qualität
(Skala 50–100)

Abb. 4.41: Spinnennetzdiagramm zur Darstellung der Serienleistung.

Um zur Vergabeentscheidung einen direkten Vergleich zwischen den Lieferanten zu ermöglichen, ist es sinnvoll, die Ergebnisse aggregiert in einer übersichtlichen Darstellung zusammenzufassen. So sind die Stärken und Schwächen auf einen Blick einsehbar, wie Abbildung 4.42 beispielhaft zeigt.

Lieferantenportfolio

Das Lieferantenportfolio ist hilfreich, um die Entscheidung grafisch und objektiv nachvollziehbar zu gestalten. Im Klassifizierungsschritt (vgl. Kapitel 4.3) werden die Bewertungsergebnisse mit der strategischen Bedeutung zu einem Portfolio kombi-

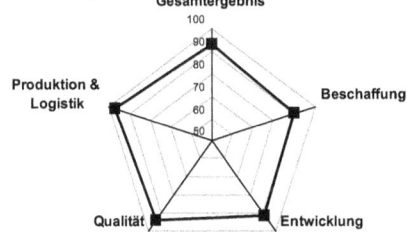
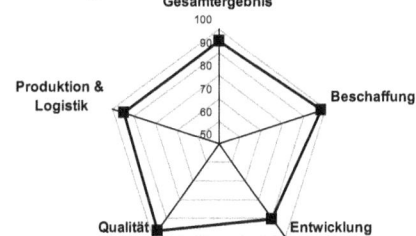
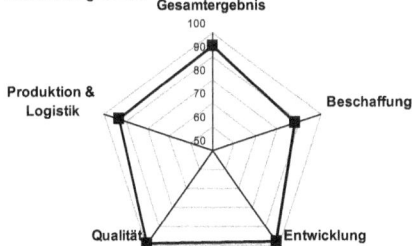
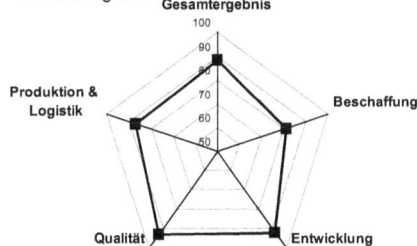

Abb. 4.42: Stärken-Schwächen-Vergleich auf einen Blick.

niert, woraus ersichtlich wird, wie sich die aktuelle Situation in einer Werkstoffgruppe darstellt. Es dient als Entscheidungsgrundlage, damit durch eine strategische Lieferantenauswahl die Zielsetzung zur kontinuierlichen Optimierung des Lieferantenpools erreicht werden kann.

Anhand der Portfoliodarstellung (vgl. Abbildung 4.43, Quelle: Audi AG) lässt sich die Wettbewerbssituation transparent aufzeigen. Daraus abgeleitet kann festgelegt werden, welche Lieferanten entwickelt werden müssen, um einen „vergabefähigen" Status zu erreichen und eine ausgewogene Werkstoffgruppe mit leistungsstarken Lieferanten zu gewährleisten.

Das Beispiel in Abbildung 4.43 zeigt, dass aktuell lediglich ein Lieferant sowohl hinsichtlich strategischer Bedeutung als auch der Gesamtbewertung auf sehr hohem Niveau ist. Um weiterhin langfristigen Wettbewerb in der Werkstoffgruppe zu generieren, müssen unabhängig von der anstehenden Lieferantenauswahlentscheidung Lieferanten aufgebaut werden. Aufgrund ihres bereits relativ hohen Bewertungslevels würden sich im Beispiel die Lieferanten I und III gut anbieten.

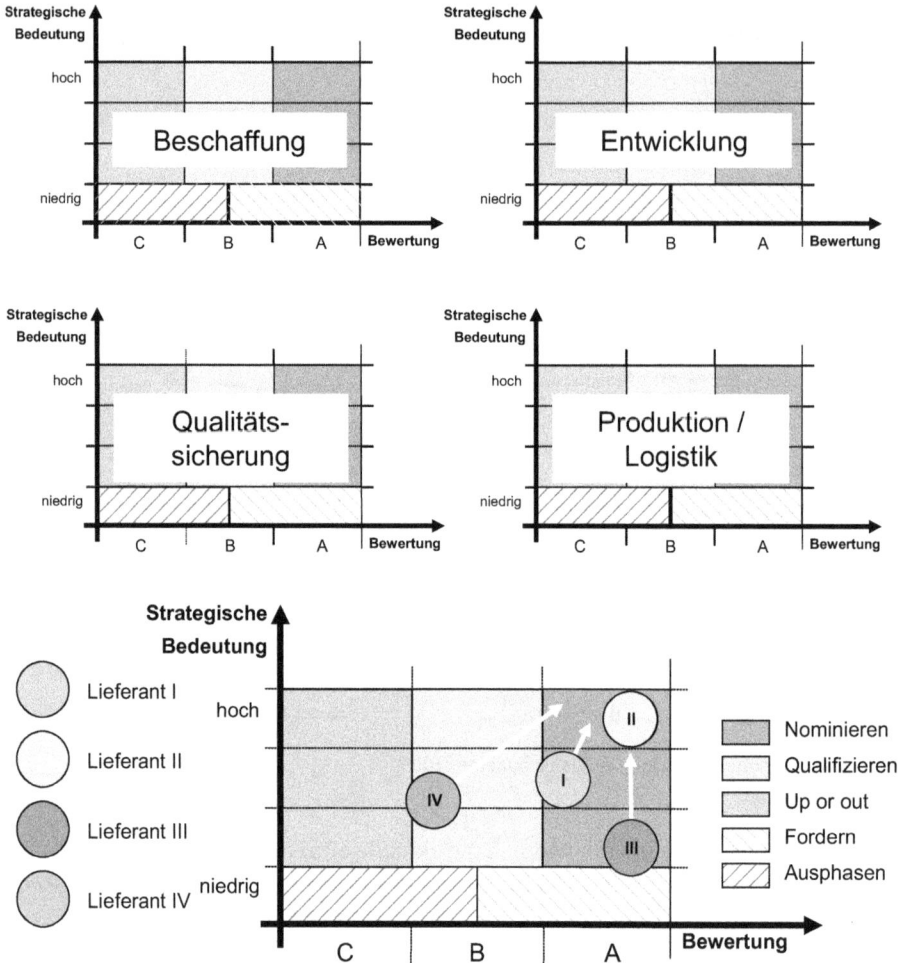

Abb. 4.43: Lieferantenportfolio.

Aufqualifizierungsplan

Damit eine wirtschaftliche Entscheidung sichergestellt wird, ist es notwendig, zur Auswahlentscheidung die notwendigen Maßnahmen abzuleiten und zu definieren. Abgeleitet aus der Lieferantenbewertung und -klassifizierung werden unmittelbar die Defizite ersichtlich, aus denen ein Maßnahmenplan erstellt werden kann (vgl. Abbildung 4.44).

Gesamtkostenübersicht

Für die Maßnahmenplanung ist es erforderlich, den Aufwand für die Aufqualifizierung abzuschätzen. Dadurch ist eine Gesamtkostenbetrachtung möglich.

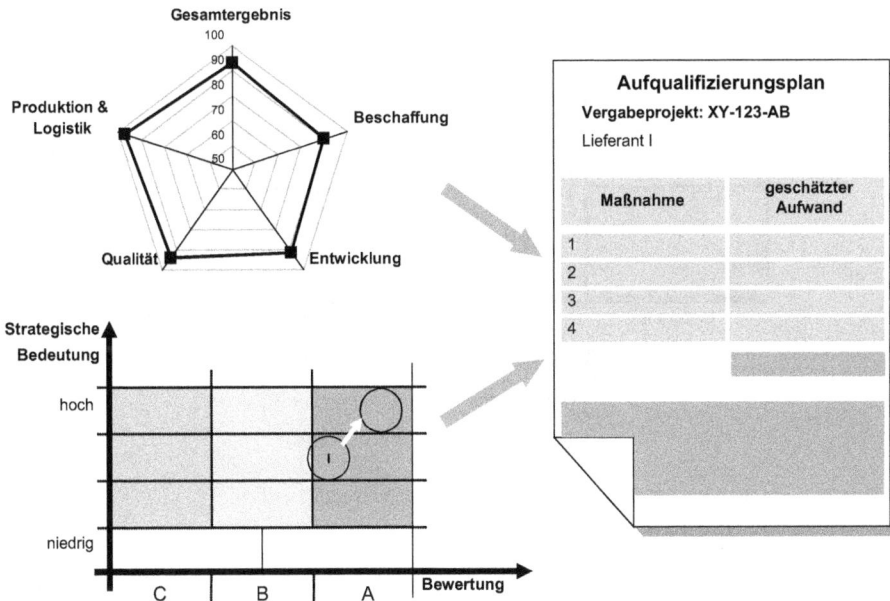

Abb. 4.44: Ableitung Entwicklungsmaßnahmenplan.

Im Sinne eines Total-Cost-of-Ownership-Ansatzes (vgl. Kapitel 3.4.2) sollten für eine Auswahlentscheidung die entstehenden Zusatzkosten berücksichtigt werden, um eine Vergleichbarkeit der Lieferanten zu gewährleisten. Zunehmende Internationalisierung der Beschaffung zwingt dazu, auch anfallende Logistik- und Transportkosten für die Auswahlentscheidung mit einzukalkulieren.

Abbildung 4.45 zeigt, wie die Gesamtkosten dargestellt und für die Lieferantenauswahlentscheidung herangezogen werden können.

Im Beispiel hat Lieferant III zwar nicht den niedrigsten Teilepreis über die Gesamtlaufzeit, jedoch sind aufgrund guter Bewertungsergebnisse wenig Aufqualifizierungsmaßnahmen notwendig. Durch vergleichsweise niedrige Logistikwerte ergibt sich das niedrigste Gesamtkostenniveau.

Das Beispiel zeigt deutlich, dass der Teilepreis nicht das alleinige Entscheidungskriterium sein kann. Eine Gesamtkostenbetrachtung ist für die erfolgreiche Umsetzung des strategischen Lieferantenmanagements notwendig und schafft die Basis für zielorientierte Lieferantenauswahlentscheidungen.

Das Lieferantenmanagement stellt die vier Werkzeuge zur Auswahl der Lieferanten zur Verfügung. Die Lieferantenbewertung, das Portfolio, der Aufqualifizierungsplan sowie die Gesamtkostenbetrachtung stellen die Basis für einen umfassenden, transparenten und vor allem strategischen Lieferantenvergleich (vgl. Abbildung 4.46) dar.

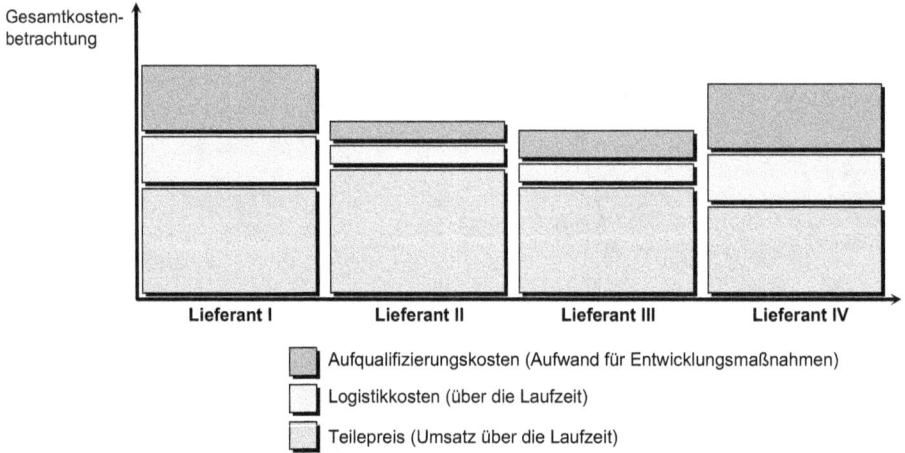

Abb. 4.45: Gesamtkostenbetrachtung bei der Lieferantenauswahl.

In der Praxis werden in der Regel noch zusätzliche Instrumente aus dem Bereich Kostenmanagement für die Lieferantenauswahl herangezogen. Diese dienen in erster Linie dazu, die angebotenen Preise sowohl technisch als auch wirtschaftlich zu plausibilisieren. Als Beispiel seien hier die Regressions- sowie die Kostenanalyse genannt.

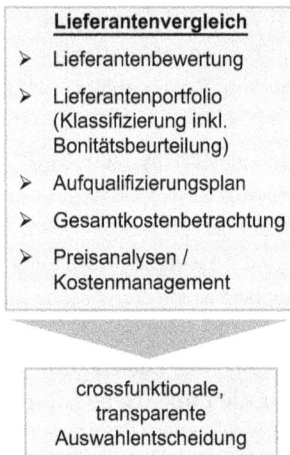

Abb. 4.46: Instrumente zur Auswahlentscheidung.

4.5.6 Process-Summary: Lieferantenauswahl

Abbildung 4.47 (Quelle: Audi AG) zeigt zusammenfassend den Teilprozess Lieferantenauswahl.

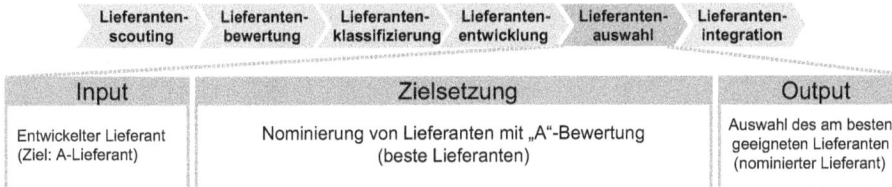

Abb. 4.47: Zusammenfassung des Lieferantenauswahlprozesses.

4.6 Inhalt der Lieferantenintegration

Die Herausforderung für den Abnehmer besteht in erster Linie in der Auswahl und Integration von leistungsstarken und strategischen Partnern. Neben reinen Entwicklungsleistungen und Seriengeschäften wird dabei eine gemeinsame Nutzenstrategie verfolgt. Daher sollte im Rahmen der Beschaffungsstrategie und des Lieferantenmanagements eines Unternehmens eine ganzheitliche Betrachtungsweise der Lieferantenintegration erfolgen (vgl. Berkenhagen/Vrbica 2007, S. 265).

4.6.1 Definition

Unter der Integration eines Lieferanten versteht man die Einbindung des Lieferanten in die Unternehmensstrukturen und -abläufe des Abnehmers. Prozesse und Systeme werden synchronisiert, um effizienter, effektiver und erfolgreicher zusammenarbeiten zu können.

Es erfolgt eine Kombination der Ressourcen des Abnehmers mit den Ressourcen und Fähigkeiten des Zulieferers sowie eine gemeinsame Umsetzung von Aktivitäten (vgl. Rink/Wagner 2007, S. 50).

Lieferantenintegration wird hauptsächlich mit der Einbindung des Lieferanten in der frühen Entwicklungsphase genannt. Dieser Ansatz ist sicherlich von großer Bedeutung, hält man sich die zunehmenden Entwicklungs- und Wertschöpfungsanteile aufseiten der Lieferanten vor Augen.

Um im Sinne eines ganzheitlichen Lieferantenmanagements zu handeln, darf aber die Industrialisierung eines Produkts nicht vernachlässigt werden. Deshalb ist es wichtig, über den gesamten Produktprozess, also auch während des Serienanlaufs und der Serienproduktion, den Lieferanten an das abnehmende Unternehmen anzubinden (Hofbauer/Sangl 2011, S. 320 ff.).

Die Integration kann daher abhängig vom aktuellen Stand im Produktprozess unterschieden werden in (vgl. Rink/Wagner 2007, S. 50)

– die Integration des Lieferanten in die Neuproduktentwicklung und
– die Integration des Lieferanten in die Industrialisierungsphase.

4.6.2 Motivation der Lieferantenintegration

Im Trend des zunehmenden Outsourcings ist es wichtig, die Fähigkeiten und das Know-how des Lieferanten bestmöglich in den Wertschöpfungsprozess einzubeziehen. In vielen Branchen kommen neue Technologien und Innovationen (Hofbauer/ Bergmann 2012) und dadurch generierte Wettbewerbsvorteile von den Lieferanten. Um dieses Know-how so gut wie möglich nutzen zu können, ist die frühzeitige Einbindung des Lieferanten und dessen Wissen in den Produktentstehungsprozess unumgänglich.

In Zeiten verkürzter Produktlebenszyklen und fallender Gewinnmargen ist es notwendig, gemeinsam mithilfe von integrierten Prozessen und Instrumenten marktgerechte Produkte herzustellen (vgl. Langemann/Röhrig 2002, S. 32). Die Einbindung von Lieferanten ist daher wichtig, um neben der Verringerung der Herstellungskosten vor allem hinsichtlich Innovationen und neuen Technologien das externe Know-how zu nutzen (vgl. Wagner 2002, S. 102).

Die Integration des Lieferanten in der frühen Entwicklungsphase fördert zusätzlich das Frontloading. Dadurch wird die Verschiebung des Ressourceneinsatzes in die frühe Entwicklungsphase beschrieben, um frühzeitig Kostentreiber und Fehlerquellen in Produkten, Prozessen und Projekten zu eliminieren. Aufwandsexplodierende und kapazitätenverzehrende Task-Force-Einsätze zum Ende eines Projekts hin werden dadurch vermieden.

In der Serienproduktion ist es ebenfalls wichtig, den Lieferanten weiterhin in das abnehmende Unternehmen zu integrieren. Im Sinne eines kontinuierlichen Verbesserungsprozesses (KVP) muss gemeinsam mit den Lieferanten versucht werden, Produktions- und Logistikprozesse sowie die Produkte permanent zu optimieren (vgl. Wagner 2002, S. 110).

Informationen und Know-how müssen optimal ausgetauscht werden. Daher ist es wichtig, Werkzeuge, Prozesse, Systeme und Unternehmensstrukturen auf Lieferanten- und Abnehmerseite aufeinander abzustimmen. Nur so sind effektive und effiziente Informations-, Material- sowie Geldflüsse entlang des gesamten Produktentstehungsprozesses möglich.

Der Beschaffung kommt bei der Lieferantenintegration eine besondere Rolle zu. Neben der traditionellen Absicht, Materialkosten zu managen, wird die Lieferanteneinbindung aus folgenden Gründen befürwortet (vgl. Berkenhagen/Vrbica 2007, S. 267):

– stärkere Beeinflussung der Materialkosten während des gesamten Produktlebenszyklusses
– verstärkte Rolle der Beschaffung zur Reduzierung der Materialkosten durch technische Optimierungen
– Erweiterung der Kostenbetrachtung von reinen Materialkosten zu einer Total-Cost-of-Ownership-Betrachtung
– Erhöhung des Kundennutzens durch Innovationsprozesse seitens der Lieferanten

4.6.3 Zielsetzung und Nutzen der Lieferantenintegration

Das Hauptziel der Lieferantenintegration ist die Nutzung des externen Know-hows und neuer Technologien (vgl. Wagner 2002, S. 102). Gezielt sollen das Wissen und die Innovationen von Lieferanten für das eigene Unternehmen herangezogen werden, um Wettbewerbsvorteile zu erzielen.

Die Lieferantenintegration soll dazu beitragen, den Aufwand und die Kosten entlang des gesamten Produktentstehungsprozesses zu optimieren. Bekanntlich wird ein Großteil der Materialkosten bereits in den ersten Entwicklungsphasen eines Produkts festgelegt. Eine spätere Änderung dieser Kosten, z. B. durch konstruktive Maßnahmen, zieht enorme Aufwendungen nach sich. Insofern sollen die Materialkosten in der Entwicklungsphase gemeinsam mit Lieferanten optimiert werden. Die Abstimmung und kooperative Zusammenarbeit zu diesem Zeitpunkt vermeidet unnötige, aufwendige Änderungsschleifen.

Durch die Verzahnung von Produktions- und Logistikprozessen soll die Lieferanteneinbindung auch die gesamten Herstellungskosten minimieren und die Qualität optimieren. Der Fokus dabei soll nicht mehr das einzelne Unternehmen sein, sondern das gesamte Wertschöpfungsnetzwerk (vgl. Binder 2007, S. 14)

Des Weiteren muss es ein Ziel der Lieferantenintegration sein, Rahmenbedingungen zu schaffen, die eine enge und effiziente Zusammenarbeit ermöglichen. Dazu gehört neben der Schaffung von entsprechenden IT-Strukturen auch die Definition von Ansprechpartnern mit klaren Verantwortungsbereichen auf beiden Seiten. Nur so ist ein regelmäßiger, intensiver und standardisierter Austausch von Informationen und Know-how möglich (vgl. Rink/Wagner 2007, S. 51).

Zunehmend entscheidend wird die rechtzeitige Marktplatzierung von neuen Produkten. „Time-to-Market" ist zum Inbegriff für diesen Wettbewerbsfaktor geworden. Durch kürzer werdende Produktlebenszyklen werden die Entwicklungszeiträume gezwungenermaßen reduziert. Somit ist durch die Integration von Lieferanten, deren Wissen und Ressourcen die Beschleunigung von Entwicklungsprozessen zu bewerkstelligen. Nur so kann im Sinne eines erfolgreichen Simultaneous-Engineering-Gedankens gehandelt werden.

Der Nutzen der Lieferantenintegration lässt sich mit drei Schlagwörtern beschreiben:

- kostengünstiger
- besser
- schneller

Durch die frühzeitige Einbindung der Lieferantenpotenziale werden Kosten und Aufwendungen entlang des gesamten Produktentstehungsprozesses verringert, was sich letztendlich auf die Qualität und die Gesamtkosten niederschlägt. Die Herausforderung von immer schärfer werdenden Rahmenbedingungen mit stetig steigenden Kundenanforderungen bei gleich bleibender oder gar sinkender Zahlungsbereitschaft wird dadurch gemeistert.

Steigende Kundenanforderungen sind es auch, die dazu zwingen, die Produkte permanent zu verbessern. Die Kernkompetenzen der Lieferanten, gepaart mit den eigenen Fähigkeiten, stellen eine Möglichkeit dar, Produkte noch attraktiver für den Endkunden zu gestalten.

Zudem wird mit der Integration der Lieferanten auf die kürzer werdenden Produktlebenszyklen reagiert. Ohne Know-how und Kapazitäten der Lieferanten, wäre eine Verkürzung der Entwicklungszeiten nicht möglich.

Abschließend kann zusammengefasst werden, dass der Nutzen der Lieferantenintegration in der Schaffung von Wettbewerbsvorteilen besteht, indem der Endkundenwert durch kostengünstigere, bessere und schneller verfügbare Produkte maximiert wird (vgl. Abbildung 4.48).

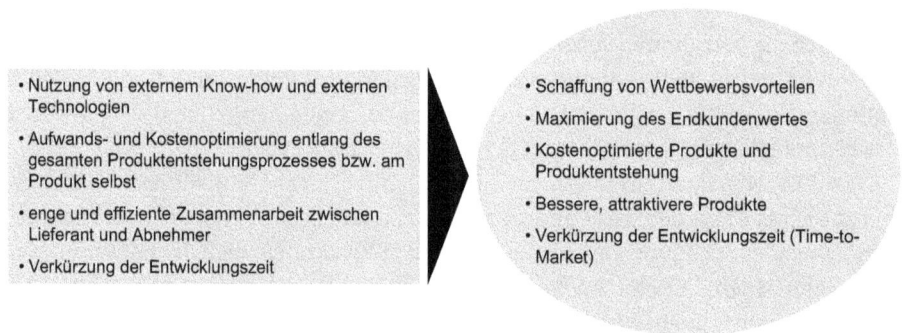

Abb. 4.48: Zielsetzung und Nutzen der Lieferantenintegration.

Nicht nur der Abnehmer zieht Nutzen aus der Lieferantenintegration. Auch die Lieferanten profitieren davon (vgl. Rink/Wagner 2007, S. 50 u. 52):

–   Der Lieferant lernt Prozesse und Strukturen des Abnehmers kennen. Er weiß, was der Kunde wünscht und fordert, wodurch eine intensivere Kundenorientierung ermöglicht wird.
–   Zudem wird durch die Verzahnung von Prozessen ermöglicht, individuell auf die Bedingungen des Kunden zu reagieren. Die Produktivität wird durch die Vermeidung von Verschwendung gesteigert. In Summe kann der Lieferant mit einer nachhaltigen Steigerung der Kundenzufriedenheit rechnen.

4.6.4 Möglichkeiten der Lieferantenintegration

Wie eingangs im Kapitel 4.6.1 erwähnt, unterscheidet sich die Integration eines Lieferanten nach dem Einbindungszeitpunkt. Entlang des Produktentstehungsprozesses wird in der Literatur zwischen der Integration in der Entwicklungsphase und der Integration in der Industrialisierungsphase unterschieden (vgl. Rink/Wagner 2007, S. 50). Der Übergang von der Entwicklungs- in die Industrialisierungsphase wird häufig als Vorserien-, Muster- oder Produktionsanlaufphase (vgl. Hartmann 2004, S. 88 u. Kirst 2008, S. 96) bezeichnet und kann sowohl der einen oder der anderen Integrationsmöglichkeit zugeordnet werden. Da gerade das „Produktionsanlaufmanagement" in der Vergangenheit an Bedeutung gewonnen hat, kann es als weitere, separate Lieferantenintegrationsform betrachtet werden. Diese Form wird unter 4.6.7 separat erläutert (vgl. Abbildung 4.49).

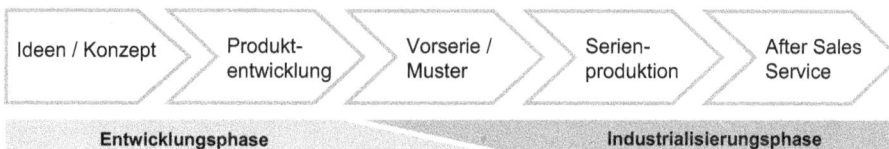

Abb. 4.49: Mögliche Phasen der Lieferantenintegration.

4.6.5 Integration in der Entwicklungsphase

Die Lieferanteneinbindung in dieser Produktprozessphase umfasst alle Tätigkeiten zur Planung, Gestaltung und Entwicklung neuer Produkte. Wichtig dabei ist in Abhängigkeit vom Produkt den optimalen Zeitpunkt der Integration zu bestimmen (vgl. Rink/Wagner 2007, S. 50). Der Zeitpunkt der Einbindung ist es auch, der die Verantwortung des Zulieferers für die Entwicklungstätigkeiten festlegt. Als Richtformel kann festgehalten werden, dass ein Lieferant umso früher und intensiver in den Entwicklungsprozess eingebunden wird, je umfangreicher sein technologisches Know-how ist (vgl. Kirst 2008, S. 95). Im Zuge des Trends zu System- bzw. Modullieferanten bedeutet dies im Umkehrsinn, den Lieferanten umso früher zu integrieren, je umfangreicher und komplexer das von ihm bereitgestellte und in der Entwicklung mitverantwortete System bzw. Modul ist.

Abbildung 4.50 (vgl. Kirst 2008, S. 96) zeigt die theoretisch möglichen Integrationszeitpunkte in der Entwicklungsphase. Dabei kann Zeitpunkt 5, wie eingangs erwähnt, als separater Zeitpunkt betrachtet werden.

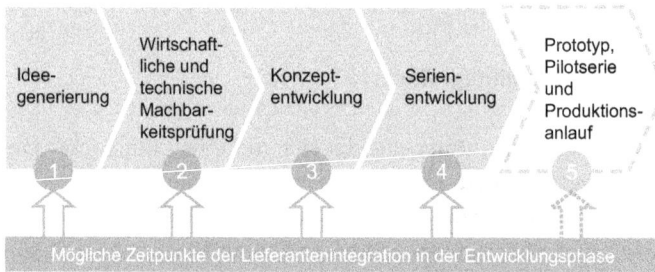

Abb. 4.50: Integrationszeitpunkte in der Entwicklungsphase.

Grundsätzlich ist die frühe Einbindung von der Projektsituation und der Branche abhängig. Allerdings zeigen empirische Ergebnisse aus umfangreichen Studien die Relevanz und Bedeutung des Themas (vgl. Schumacher/Schiele/Contzen/Zachau 2008, S. 247):

– Projekte, die mit Lieferantenfrüheinbindung durchgeführt wurden, sind im Schnitt schneller abgeschlossen als Projekte ohne frühzeitig Lieferantenintegration.
– Meist führen Entwicklungsprojekte mit Lieferanten zu Kosteneinsparungen gegenüber Eigenentwicklungen. Die Gründe dafür sind die Zeitersparnis und häufig die technisch einfacheren Lösungen durch weniger Overengineering des Lieferanten.
– Lieferantenlösungen weisen häufig eine bessere Herstellbarkeit auf, da ein Zulieferer stark daran interessiert sein muss, dass das Produkt später auch optimal gefertigt werden kann. Dies trägt zur Kundenzufriedenheit bei.
– Im Gegensatz zu den abnehmenden Unternehmen bewegen sich die Lieferanten auf den Gebieten ihrer Kernkompetenzen, auf denen sie Know-how-Vorsprünge haben. Charakteristisch für Lieferantenentwicklungen sind daher auch innovativere Lösungen und überlegenes Design.

Die Forschungsergebnisse aus den Studien weisen auch einen einschränkenden Effekt auf (vgl. Schumacher/Schiele/Contzen/Zachau 2008, S. 247–248): Die Integration zum falschen Zeitpunkt sowie die Missachtung der Möglichkeit einer zweiten Bezugsquelle für die vom Lieferanten entwickelte Lösung können negative Auswirkungen haben.

Es ist also notwendig, genau zu definieren, welche Lieferanten für welche Bestellumfänge für eine frühe Integration in Betracht kommen. Genau dort kommen die ineinandergreifenden Teilprozesse des Lieferantenmanagements ins Spiel. Die Werkzeuge des Lieferantenmanagements – die Lieferantenbewertung und -klassifizierung – dienen dazu, die entsprechenden Lieferanten zu identifizieren und ggf. zu entwickeln, um die Vorteile der Lieferantenintegration in vollem Umfang nutzen zu können.

4.6.6 Integration in der Industrialisierungsphase

Bei der Einbindung der Lieferanten spricht man auch von der „Integration in die Prozessentwicklung und Produktion". Typischerweise ist die Entwicklung beendet, sodass Änderungen am Produkt nur noch über ein Änderungsmanagement möglich sind. Ziel dieser Integrationsmöglichkeit ist es, schnelle, flexible und effiziente Produktionsprozesse zu gestalten. Dazu werden die entsprechenden Lieferanten eingebunden, um gemeinsame Strategien und Konzepte zur Zielerreichung zu erarbeiten. Beispiele für solche Konzepte sind u. a. Kanban-Systeme oder Total Quality Management (TQM) (vgl. Rink/Wagner 2007, S. 51–52).

Im Sinne des kontinuierlichen Verbesserungsprozesses (KVP) werden in dieser Phase nicht nur Prozesse, sondern auch das Produkt selbst optimiert (vgl. Hartmann 2004, S. 86).

Durch die permanente Optimierung von Prozessen und Produkten auch während der Serienproduktion können Kostenvorteile realisiert werden, die sowohl dem Lieferanten als auch dem Abnehmer zugutekommen.

Daher ist es wichtig, die Anbindung der Lieferanten an das abnehmende Unternehmen auch nach Beendigung der Entwicklungsphase weiter fortzuführen.

4.6.7 Integration in der Produktionsanlaufphase bei der Audi AG

Wie bereits erläutert (vgl. 4.6.4), könnte diese Phase sowohl der Entwicklungs- als auch der Industrialisierungsphase zugeordnet werden. Da der Produktionsanlauf in der Vergangenheit mehr und mehr an Bedeutung gewonnen hat, wird es hier als eigene Möglichkeit der Lieferantenintegration betrachtet und anhand der Umsetzung bei der Audi AG näher beleuchtet (vgl. Abbildung 4.51).

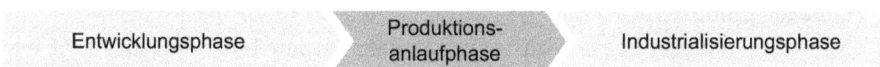

| Entwicklungsphase | Produktions-anlaufphase | Industrialisierungsphase |

Abb. 4.51: Integration in der Produktionsanlaufphase.

Um ein Verständnis für diese Phase entwickeln zu können, erfolgt zunächst eine kurze theoretische Einordnung:

Das dynamische und immer härter werdende globalisierte Wettbewerbsumfeld zwingt die Unternehmen, sich von den Konkurrenten positiv zu differenzieren. Niedrige Kosten und höchste Qualität sind längst nicht mehr ausreichend. Innovationen und verstärkte Entwicklungstätigkeiten sind notwendig, um sich im Markt behaupten zu können. Bei Innovationen spielt der Zeitfaktor eine große Rolle (vgl. Hofbauer et. al. 2009). Mit neuen Produkten rechtzeitig und schneller als der Wettbewerber auf dem Markt zu sein, ist daher ein kritischer Erfolgsfaktor geworden. Dennoch dürfen die Qualität und die Zahlungsbereitschaft des Kunden nicht unberücksichtigt bleiben.

Hinzu kommt der Trend der Kundenindividualisierung, dem die Unternehmen mit derivatisierten und damit einer höheren Anzahl an Produkten entgegentreten.

Vor den Hintergründen der steigenden Kundenanforderungen, dem Time-to-Market-Faktor, der zunehmenden Produktanzahl sowie dem Kosten- und Qualitätsniveau ist es maßgeblich, den Serienproduktionsanlauf erfolgreich zu managen. Die Serienanlaufphase umfasst dabei den Zeitraum zwischen Produktentwicklung und der Erreichung der geplanten Produktionskapazität (vgl. Schuh/Stölzle/Straube 2008, S. 1) und wird häufig auch „Program Readiness" genannt.

Grundsätzlich kann der Serienanlauf in drei Phasen unterteilt werden, wie Abbildung 4.52 zeigt (vgl. Schuh/Stölzle/Straube 2008, S. 2):

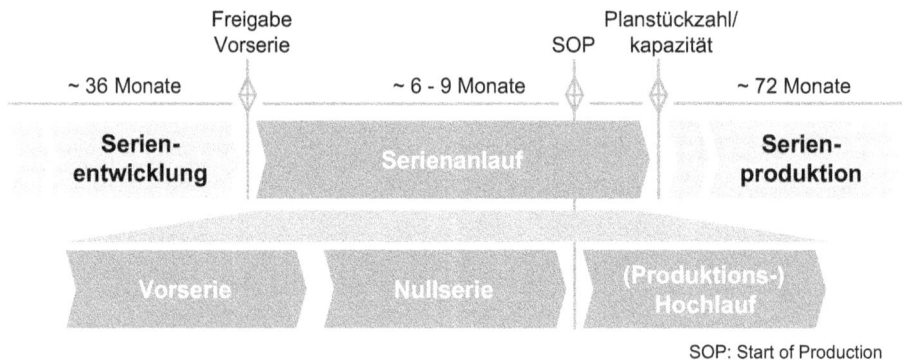

Abb. 4.52: 3 Phasen des Serienanlaufs.

– Vorserie: Unter seriennahen Bedingungen werden Prototypen in großer Stückzahl gefertigt. Zur Herstellung werden noch nicht alle Teile aus Serienwerkzeugen und -anlagen produziert
– Nullserie: In dieser Phase wird seriennah gefertigt mit Teilen, die zu 100 % aus den späteren Serienwerkzeugen und -anlagen stammen.
– Produktionshochlauf: Mit dem Produktionsstart nach der Freigabe für die Serie werden kundenfähige Produkte hergestellt.

Anlaufmanagement bei der Audi AG

Aufgrund der zunehmenden Modellvielfalt und der verschärften Rahmenbedingungen hat Audi einen standardisierten, systematischen Regelprozess implementiert, der den erfolgreichen Fahrzeugproduktionsanlauf und dadurch den gesamten Projekterfolg sicherstellt. Aus dem übergeordneten Ziel, die Kaufteile statusgerecht hinsichtlich Kosten, Termine und Qualität zur Verfügung zu stellen, wurde zur Absicherung eines erfolgreichen Produktionsanlaufs ein Serieneinsatzvorbereitungsprozess (Program Readiness bzw. Production Readiness) speziell für Schwerpunktteile integriert. Schwerpunktteile sind Teile, die sich aus Erfahrung als kritisch, hochkomplex, langläufig oder designrelevant identifizieren lassen. Zudem können Teile, die von neuen Lieferanten bezogen werden, neue Werkstoffe bzw. Technologien aufweisen, aus neuen Lieferantenstandorten geliefert werden oder häufige Änderungen während der Anlaufphase durchlaufen, als Schwerpunktteile definiert werden.

Oberste Handlungsprämisse der Serieneinsatzvorbereitung ist die rechtzeitige Fertigstellung der Serienwerkzeuge und Produktionsanlagen sowie Bereitstellung der Serienteile unter Einhaltung der Qualitäts- und Kostenanforderungen eines Fahrzeugprojekts. Entlang eines strukturierten, systematischen Prozesses wurden Aktivitäten und Instrumente definiert, mit denen eine optimale Zusammenarbeit mit den Lieferanten in dieser Phase ermöglicht wird. Anhand festgelegter Meilensteine wird der Status der Umfänge gemeinsam mit Lieferanten und anderen Fachbereichen überprüft und optimiert.

Der Serieneinsatzvorbereitungsprozess beginnt mit planerischen Tätigkeiten. Anhand von Referenzwerten aus vergangenen Projekten erfolgt eine Rückwärtsterminierung, aus der eine Vergabeplanung abgeleitet wird. Nur durch eine rechtzeitige Nominierung eines Lieferanten ist konsequentes Frontloading und eine Optimierung des Ressourceneinsatzes möglich.

Nachdem bekannt ist, mit welchen Lieferanten zusammengearbeitet wird, erfolgen auf Bauteilebene sog. Kick-offs und Commitment-Gespräche, anhand derer gemeinsam die Meilensteine vereinbart werden, die realistisch und notwendig sind, um einen erfolgreichen Produktionsanlauf sicherzustellen. Dazu gehört auch vollkommene Transparenzschaffung über die gesamten Prozesse entlang der Supply Chain, d. h. bis hin zu den Unterlieferanten.

Entlang des weiteren Prozessverlaufs erfolgen laufend Termin- und Statusgespräche mit dem Lieferanten. Diese dienen zum permanenten Tracking des Erreichens von Meilensteinen und zur Abnahme der Reifegrade der jeweiligen Umfänge. Um hier die optimale Integration der Lieferanten sicherzustellen und Terminabweichungen sofort erkennen zu können, erfolgt die Terminpflege und -einhaltung durch den Lieferanten über eine B2B-Plattform.

Audi stellt dabei Experten zur Verfügung, die in Verbindung mit den Fachbereichen eine aktive Zusammenarbeit mit den Lieferanten ermöglichen. Durch regelmäßige Abstimmungsschleifen werden entlang definierter Meilensteine die Bauteile hinsichtlich Termine, Qualität und Kosten optimiert. Zur statusgerechten Teileversorgung müssen in der Produktion auch die notwendigen Kapazitäten zur Verfügung gestellt werden. Für einen erfolgreichen Produktionsanlauf wird deshalb außerdem die Kapazitätsplanung und -auslegung in gemeinsamer Abstimmung durchgeführt.

Durch das Erreichen der Ziele, die Teile und Werkzeuge bzw. Produktionsanlagen statusgerecht zum Produktionsstart zur Verfügung zu haben und einen erfolgreichen Produktionsanlauf zu gewährleisten, bietet die Serieneinsatzvorbereitung zusätzlichen Nutzen für den Projektverlauf:

- frühzeitige, intensive Planung: Rückwärtsterminierung und Vergabeplanung
- Schaffung von Transparenz über die gesamte Prozesskette
- gemeinsame Commitments über Meilensteine
- Tracking der Erreichung von Meilensteinen inkl. Reifegrad über den gesamten Prozess
- eindeutiges Berichtswesen zum Teilestatus durch entsprechende Informationssysteme

Der Production-Readiness-Prozess sichert durch eine Integration des Lieferanten in dieser Phase die notwendige intensive Zusammenarbeit. Es erfolgt eine frühzeitige Abbildung des Serienprozesses beim Zulieferer, was einen weiteren Beitrag zum Frontloading darstellt.

Fällt dennoch ein Lieferant während des Anlaufprozesses in seiner Projektleistung ab, werden diese Lücken durch permanentes Tracking, ständige Kommunikation mit dem Lieferanten und über die u. a. hier ansetzende Lieferantenbewertungsmethodik (s. Abschnitt 4.2.9) frühzeitig aufgedeckt. Durch Expertenwissen wird der Lieferant aktiv unterstützt, um durch entsprechende Maßnahmen eine Zielverfehlung zu vermeiden. An diesem Aspekt zeigt sich der moderne Charakter einer Beschaffung. Die Geschäftsbeziehung wird nicht als Episode angesehen, sondern basiert auf einem langfristig orientierten Vertrauensverhältnis.

4.6.8 Process-Summary: Lieferantenintegration

Abbildung 4.53 (Quelle: Audi AG) zeigt zusammenfassend den Teilprozess Lieferantenintegration.

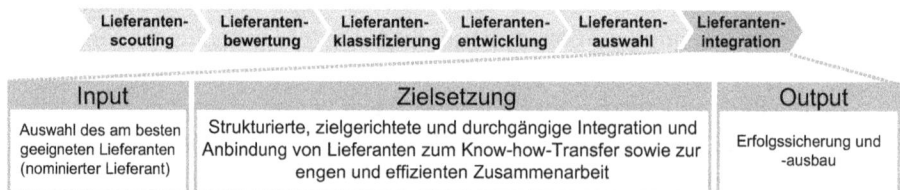

Lieferanten-scouting	Lieferanten-bewertung	Lieferanten-klassifizierung	Lieferanten-entwicklung	Lieferanten-auswahl	Lieferanten-integration

Input	Zielsetzung		Output
Auswahl des am besten geeigneten Lieferanten (nominierter Lieferant)	Strukturierte, zielgerichtete und durchgängige Integration und Anbindung von Lieferanten zum Know-how-Transfer sowie zur engen und effizienten Zusammenarbeit		Erfolgssicherung und -ausbau

Abb. 4.53: Zusammenfassung des Lieferantenintegrationsprozesses.

5 Umsetzung des Lieferantenmanagements

5.1 Voraussetzungen

Die erfolgreiche Umsetzung eines Lieferantenmanagements in einem gewachsenen Unternehmen setzt organisatorische Veränderungen voraus. Dadurch sollen optimale Voraussetzungen zur Implementierung des Lieferantenmanagements sowohl auf strategischer als auch auf operativer Ebene geschaffen werden.

Grundsätzlich sind vier entscheidende Parameter bei der Integration eines neuen, fachbereichsübergreifenden Unternehmensprozesses zu beachten und zu gestalten (vgl. Abbildung 5.1):

1. Aufbauorganisation
2. Ablauforganisation
3. IT-System
4. Unternehmenskultur

Zunächst ist die Organisationsstruktur so aufzubauen, dass die Abbildung des fachbereichsübergreifenden, strategischen Lieferantenmanagementprozesses ermöglicht wird. Erst danach können die operativen Abläufe innerhalb der Teilprozesse implementiert und im Detail definiert werden.

Dazu gehört die Unterstützung und Abbildung des Lieferantenmanagementprozesses mittels eines Informationssystems. Dies verbindet die Organisation in Form der beteiligten Fachbereiche bzw. Mitarbeiter mit dem Prozessablauf und trägt zur Prozessrealisierung bei.

Der vierte Parameter, die „Unternehmenskultur", kann sowohl als K.o.-Kriterium für die drei vorausgegangenen Aspekte als auch als die notwendige Voraussetzung für ein erfolgreiches Lieferantenmanagement betrachtet werden. Nur wenn die beteiligten Mitarbeiter der Fachbereiche gewillt sind, ihre Handlungs- und Denkmuster entlang des Lieferantenmanagementprozesses auszurichten, wird sichergestellt, dass neu installierte Abläufe und Organisationsstrukturen gelebt und akzeptiert werden.

Doch wie kann diese kooperative Kultur über die Fachbereiche hinweg geschaffen werden? Die Schwierigkeit besteht darin, dass sie nicht sichtbar und greifbar ist, da die Unternehmenskultur als Sammlung von Handlungsattitüden und -gewohnheiten, die für ein Unternehmen typisch und prägend sind, bezeichnet werden kann (vgl. Schumacher/Schiele/Contzen/Zachau 2008, S. 267).

Ein nachhaltiger und häufig erfolgreicher Weg, eine solche für das Lieferantenmanagement ausgerichtete Unternehmenskultur zu schaffen, ist der Top-down-Ansatz, der das Commitment auf höchster Führungsebene voraussetzt. Der Unternehmensleitung kommt also eine treibende Rolle bei der Implementierung zu (vgl. Schumacher/Schiele/Contzen/Zachau 2008, S. 268).

DOI 10.1515/9783110443363-5

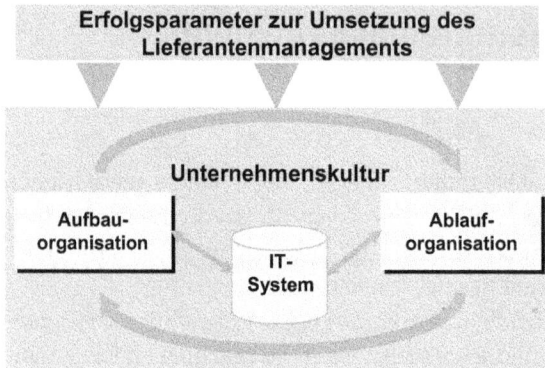

Abb. 5.1: Erfolgsparameter zur Umsetzung des Lieferantenmanagements.

5.2 Organisatorische Verankerung

Die Unternehmenskultur ist charakteristisch für ein Unternehmen. Sie unterscheidet sich daher von Organisation zu Organisation. Dagegen können die organisatorischen Strukturen ähnlich sein, in denen das Lieferantenmanagement verankert werden muss.

In der Vergangenheit hat die Prozessorientierung in der Organisationsentwicklung Einzug gehalten. Die Funktions- bzw. Strukturgrenzen werden dabei bewusst überschritten (vgl. Arnold 2007, S. 66), um die Aufbauorganisation entlang der Wertschöpfungskette in Richtung Endkunde auszurichten.

Um die Prozessorientierung zu wahren, muss der Lieferantenmanagementprozess als Unternehmensprozess parallel zum Produktprozess ausgerichtet werden. Das Ziel ist, über den gesamten Produktprozess mit den besten Lieferanten zusammenzuarbeiten und dadurch maximalen Kundenwert zu schaffen.

Dabei stellt sich die Frage, wie das Lieferantenmanagement im Aufbau verankert werden kann, um erfolgreiche Abläufe und Teilprozesse sicherzustellen. Grundsätzlich gibt es dafür zwei rein theoretische Ansätze:

1. Lieferantenmanagement als definierter, zusätzlicher Geschäftsprozess innerhalb bestehender Strukturen
2. Lieferantenmanagement als eigene Organisationseinheit

Allerdings sind organisatorische Veränderungen zur erfolgreichen Integration eines strategischen Lieferantenmanagements unausweichlich. Vor allem der strategische Charakter dieses Konzepts erfordert die Gestaltung einer Organisation, die das Entwerfen und Anwenden strategischer Optionen ermöglicht. Es ist grundsätzlich schwer, strategische Impulse in einer Organisationseinheit zu entwickeln, die vornehmlich als ausführende Funktion zur Erfüllungshilfe interpretiert wird (vgl. Arnold 2007, S. 61). Gelingt es, diese strategieorientierte Struktur zu schaffen, ist eine richtungsweisende Grundlage für die erfolgreiche Umsetzung des Lieferantenmanagements geschaffen.

Es gestaltet sich schwierig, die passende Organisationsform zur erfolgreichen Implementierung des Lieferantenmanagements allgemeingültig zu diskutieren. Aufgrund von historisch gewachsenen und in jedem Unternehmen anders vorherrschenden Strukturen kann keine pauschale Organisationsstruktur definiert werden. Dagegen ist unternehmensspezifisch zu überlegen, wie eine optimale Ausrichtung der Organisation hinsichtlich eines erfolgreichen Lieferantenmanagements aussieht.

5.3 Informationstechnische Implementierung des Lieferantenmanagementprozesses

Bei der Implementierung und operativen Ausübung des Lieferantenmanagements ist es von Bedeutung, ein Informationssystem als prozessunterstützendes Werkzeug zu installieren. Für den Erfolg dieses Managementkonzepts muss vollkommene Datentransparenz über alle beteiligten Fachbereiche vorhanden sein und höchste Datenqualität gewährleistet werden. Dazu sind einige Aufgaben an das System zu stellen.

– Abbildung aller Bausteine des Lieferantenmanagementprozesses:
  Um tatsächlich eine Prozessunterstützung darzustellen, sind alle Teilprozesse abzubilden. Es reicht nicht aus, einzelne Teilphasen, wie z. B. die Lieferantenbewertung, abzubilden. Dies dient dazu, dass die Schnittstellen (d. h. die Input-Output-Beziehungen) der Teilprozesse durch das System synchronisiert werden müssen, um die Durchgängigkeit abbilden zu können.
– Prozessabsicherung:
  Ein IT-System soll dazu dienen, den Prozess zu stabilisieren und dadurch die Prozesssicherheit zu erhöhen. Beispielsweise kann durch Workflows der Arbeitsablauf gestützt, kontrolliert und somit gesichert werden. Die fehlerhafte Ausführung oder das bewusste Nichtausführen lässt sich weitestgehend verhindern.
– Konsolidierung der Lieferanteninformationen an zentraler Stelle:
  Es ist wichtig, die Lieferanteninformationen an einer zentralen Stelle zusammenzuführen. Nur durch eine solche Konsolidierung ist es möglich, Transparenz zu schaffen sowie redundante bzw. auch fehlerhafte Informationen zu vermeiden. Zudem wird eine einheitliche Kommunikation zum Lieferanten gefördert, ganz im Sinne des One-Face-to-the-Supplier-Ansatzes.
– Zugriff auf bestehende, fachbereichsspezifische Systeme:
  Der vorangegangene Punkt der Konsolidierung erfordert den Zugriff auf andere Fachbereichssysteme. Ehemals fachbereichsinterne und abgegrenzte Lieferanteninformationen können so technisch zusammengetragen werden. Diese Systemvernetzung schafft vereinheitlichte Daten und bildet die Crossfunktionalität systemtechnisch ab.

– Schneller Zugriff und stetige Verfügbarkeit der Daten:
  Zur zeitgerechten Unterstützung von Entscheidungen muss ein Lieferantenmanagementsystem einen schnellen Zugriff gewährleisten. Dazu ist eine stetige Verfügbarkeit der Daten notwendig, um aktuellste Informationen über Lieferanten
  und Werkstoffgruppen zu haben.
– Interne und externe Kommunikation:
  Das System sollte zur Akzeptanzschaffung die Kommunikation von Lieferanten-
  information sowohl intern (in den Fachbereichen) als auch dem Lieferanten gegenüber ermöglichen. So können z. B. Bewertungsergebnisse mitgeteilt oder Entwicklungsmaßnahmen fachbereichsspezifisch kontrolliert werden.
– Minimaler Erfassungs- und Pflegeaufwand:
  Informationssysteme sind erst lohnend, wenn der Aufwand zur Datenerfassung
  und Systempflege in einem angemessenen Verhältnis zum Nutzen stehen (vgl.
  Knapp/Durst/Bichler 2000, S. 44). Durch die Definition von Aggregationsebenen
  sollten Detailverliebtheit und Informationsflut vermieden werden.

Abschließend zeigt Abbildung 5.2 ein schematisches Systemschaubild. Darin sind
die Verbindungen der jeweiligen Fachbereichssysteme mit dem Lieferantenmanagementsystem zu sehen, das die einzelnen Teilprozesse des Lieferantenmanagements
abdeckt. Zusätzlich ist eine B2B-Schnittstelle zum Lieferanten notwendig.

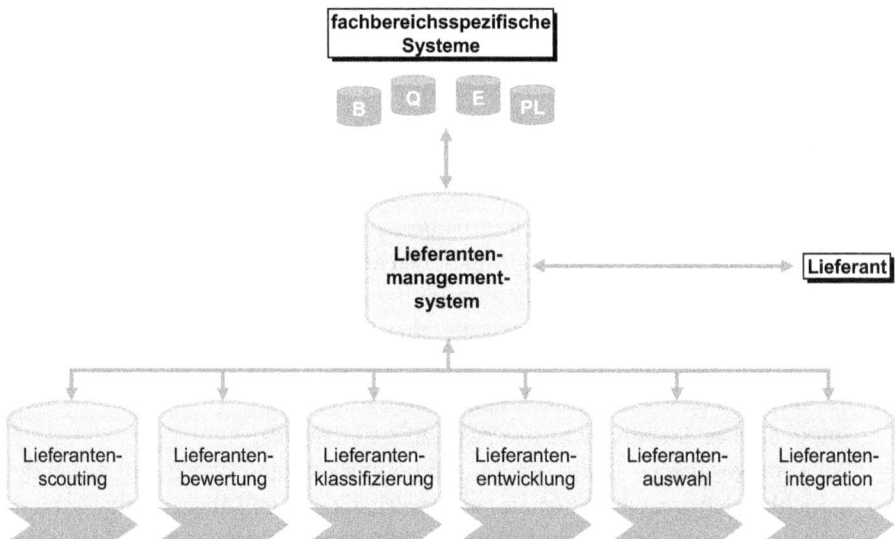

Abb. 5.2: Lieferantenmanagementsystem.

5.4 Einführung eines strategischen Lieferantenmanagements in die Praxis

Zur erfolgreichen Implementierung des Lieferantenmanagements in die Praxis ist es wichtig, die Konzeption und die Umsetzung von Anfang an systematisch, strategisch und zielorientiert zu planen. Inklusive der abschließenden Praxiseinführung müssen vier wichtige Phasen durchlaufen werden.

1. Commitment
2. Projektierung
3. Konzeption
4. Roll-out

Jede dieser Phasen ist von sehr hoher Bedeutung. Daher müssen diese bei der Planung Berücksichtigung finden. Nachfolgend wird erläutert, wie sich die Phasen gestalten.

Commitment

Die Erarbeitung eines strategischen Lieferantenmanagementkonzepts muss zunächst unternehmensintern legitimiert werden. Grundlage für den Beschluss der Erarbeitung und Umsetzung eines strategischen Prozesses ist der vorhandene Bedarf. Das Streben nach kontinuierlicher Verbesserung und Aufdeckung der Verbesserungspotenziale führen dabei häufig auf das Thema Lieferantenmanagement hin.

Da es sich bei dem Lieferantenmanagement um einen crossfunktionalen Unternehmensprozess handelt, ist vorab der Einbezug aller Fachbereiche sicherzustellen. Die Verpflichtung eines jeden Ressorts auf eine neue, moderne Vorgehensweise im Umgang mit Lieferanten ist daher eine notwendige Voraussetzung.

Was soll mit einem strategischen Lieferantenmanagement erreicht werden? Diese Frage muss vorab beantwortet werden. Durch die konkrete Zielsetzung von Anfang an ist eine zielorientierte Herangehensweise an die Ausarbeitung und Einführung möglich.

Bereits im Commitment ist die Einbindung der Geschäftsführung empfehlenswert. Durch den Top-down-Ansatz können historisch gewachsene Abläufe leichter modernisiert und die Einführung forciert werden.

Projektierung

Nachdem die Erarbeitung und Umsetzung eines Lieferantenmanagementkonzepts beschlossen wurde, sollte das Thema konsequent weiterentwickelt werden. Als optimal erweist sich dabei, ein Projekt mit crossfunktionalem Charakter aufzusetzen.

Neben einem allgemeinen Projektziel, das aus dem Commitment resultiert, sollten auch Fachbereichsziele definiert werden, damit auch innerhalb der Ressorts zielorientierte Projektarbeit gewährleistet wird.

Die Einbindung entsprechender Hierarchiestufen aus allen Fachbereichen in das Projekt ermöglicht die Schaffung und Aufrechterhaltung der Akzeptanz während des gesamten Projektverlaufs. Zudem wird hierdurch auch dem gesamtunternehmerischen Gedanken des Lieferantenmanagements Rechnung getragen und die fachbereichsübergreifende Kultur gefördert.

Wichtig für den Erfolg eines Projekts ist die Festlegung der Führungs- bzw. Treiberrolle. Als Schnittstelle zum Lieferanten und Verantwortlicher für die statusgerechte Teileversorgung wird schnell klar, dass die Beschaffung diese Rolle übernehmen muss.

Konzeption

Anschließend an die Projektdefinition kann mit der Erarbeitung des Lieferantenmanagementkonzepts begonnen werden. Grundsätzlich sind dabei bestehende Unternehmensstrukturen zu berücksichtigen.

Auch in die Konzeption müssen alle Fachbereiche mit eingebunden werden. Nur so können spezifische und notwendige Interessen Berücksichtigung finden.

Die Einbindung der operativen Ebene spielt dabei eine entscheidende Rolle. Nur wenn es gelingt, einen schlanken Lieferantenmanagementprozess in operative Abläufe zu implementieren, kann das Lieferantenmanagement erfolgreich gelebt und Akzeptanz auf allen Ebenen geschaffen werden.

Wie anfangs des Kapitels 5 dargestellt, reicht es nicht aus, nur den Managementprozess zu erarbeiten. Notwendige Erfolgsvoraussetzung dafür ist auch, die organisatorische Verankerung zu berücksichtigen, um die dauerhafte Integration zu sichern.

Roll-out

Die vierte Phase, „Roll-out", ist entscheidend über den Erfolg oder Misserfolg der Implementierung des Lieferantenmanagements. Es wird nicht gelingen, die neue Vorgehensweise schlagartig – „von heute auf morgen" – einzuführen und umzusetzen. Vielmehr muss „Schritt für Schritt" vorgegangen werden, um über Rückkopplungsschleifen erste Erfahrungswerte zur Optimierung des Lieferantenmanagementprozesses verwenden zu können.

Dazu sind erste Pilotierungsprojekte zu initiieren. Nach und nach wird dann die Vorgehensweise des Lieferantenmanagements auf alle betroffenen Werkstoffgruppen ausgebreitet. Um eine strukturierte Vorgehensweise zu ermöglichen, muss hierzu eine Roll-out-Organisation sowie der dazugehörige Ablauf definiert werden.

Abbildung 5.3 (Quelle: Audi AG, Stuhr) zeigt beispielhaft, wie sich der Roll-out organisieren lässt. Die Beschaffung sollte hier, wie im gesamten Konzeptions- und Einführungsprozess, die Treiberrolle übernehmen. Dazu ist es hilfreich, ein Kernteam zu bilden, das permanent eine Koordinations- und Kontrollfunktion übernimmt. Im Idealfall stammen die Teammitglieder aus dem Konzeptionsprojekt und bringen das notwendige Know-how mit.

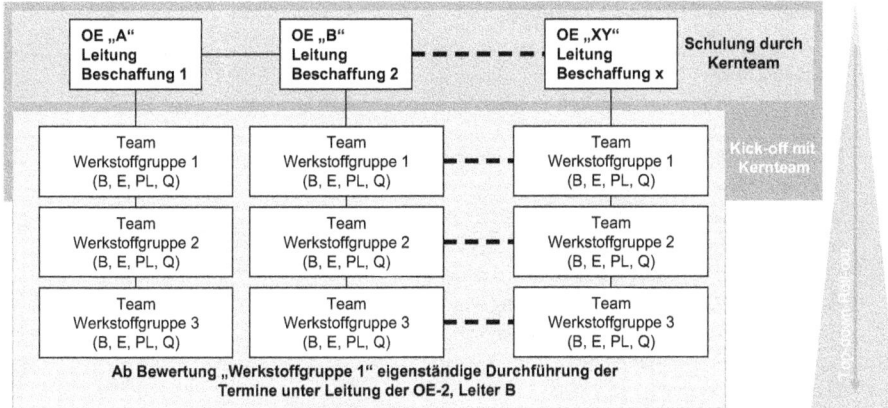

Abb. 5.3: Beispiel einer Roll-out-Organisation.

Wie abgebildet, schult das Kernteam zunächst die Beschaffungsleiter, die die betroffenen Werkstoffgruppen (WStGr.) verantworten. Je Organisationseinheit (OE) wird eine Pilot-Werkstoffgruppe ausgewählt, anhand derer der Bewertungs- und Klassifizierungsprozess zusammen mit dem Kernteam und den jeweiligen Verantwortlichen aus den Fachbereichen durchgeführt wird.

Nach den ersten Erfahrungen kann die Vorgehensweise eigenständig auf die werkstoffgruppenverantwortlichen Einkäufer innerhalb der Beschaffung und die betroffenen Personen der anderen Fachbereiche übertragen werden.

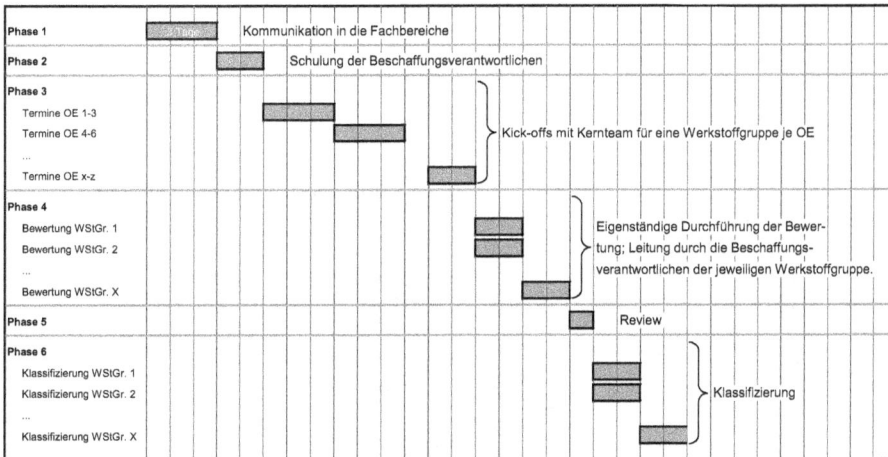

Abb. 5.4: Ablaufplanung Roll-out.

Tab. 5.1: Möglicher Leitfaden zur Einführung.

Nr.	Prozessschritt	erledigt	
		ja	nein
1	Ordnungssystematik für das Lieferantenportfolio definieren	☐	☐
2	Serienlieferanten in Struktur eintragen	☐	☐
3	Vorhandene Bewertungen je Fachbereich eintragen	☐	☐
4	Gesamtrating je Lieferant festlegen	☐	☐
5	Strategische Bedeutung je Fachbereich und je Lieferant festlegen	☐	☐
6	Gesamteinstufung der strat. Bedeutung abstimmen	☐	☐
7	Finanzielles Risiko je Lieferanten einholen/festlegen	☐	☐
8	Jeden Lieferanten anhand Gesamtrating, strategischer Einstufung und Risiko klassifizieren	☐	☐
9	Vorläufigen Anfrage- und Vergabepool abstimmen	☐	☐
10	Lieferanten in das Ist-Portfolio überführen	☐	☐
11	Soll-Portfolio erarbeiten und Handlungsbedarf ermitteln	☐	☐

Die gewählte Roll-out-Vorgehensweise erfolgt Top-down. Beginnend mit einzelnen Werkstoffgruppen wird der operative Prozess auf alle vom Lieferantenmanagement betroffenen Werkstoffgruppen ausgeweitet.

Für eine erfolgreiche strukturierte, systematische Planung und Umsetzung müssen unterstützende Werkzeuge zur Verfügung gestellt werden. Ein hilfreiches Instrument stellt dabei die Ablaufplanung dar, die in Abbildung 5.4 (Quelle: Audi AG, Stuhr) anhand eines Charts dargestellt wird. Dadurch können vorab notwendige Zeit- und Personalressourcen für die Einführung des Lieferantenmanagements einkalkuliert werden. Für die betroffenen Personen ist es gleichzeitig ein Roll-out-Überblick.

Abb. 5.5: Die vier Phasen zur Einführung des strategischen Lieferantenmanagements.

Der operative Anwender muss anfangs an die Vorgehensweise herangeführt werden. Dazu ist es sinnvoll, eine Art Prozesshandbuch, beispielsweise in Form einer Checkliste, zu erstellen und zur Verfügung zu stellen. Tabelle 5.1 (Quelle: Audi AG, Stuhr) zeigt einen solchen Leitfaden am Beispiel der Lieferantenbewertung und -klassifizierung.

Abschließend zeigt Abbildung 5.5 alle vier notwendigen Phasen zusammengefasst.

6 Zusammenfassung

Der Umgang mit Lieferanten wird richtungweisend für die zukünftige Beschaffung und für die gesamte weitere Unternehmensperformance sein. Die in den letzten Jahren entstandenen Netzwerke dürfen nicht als Episode gesehen werden. Stattdessen sind langfristig gefestigte Lieferantenbeziehungen aufzubauen, die der Dynamik der Märkte und den verschärften Rahmenbedingungen standhalten. Der strategische Lieferantenmanagementprozess liefert dabei den entscheidenden Beitrag, die besten Lieferanten zu identifizieren und langfristig an das Unternehmen zu binden. Dadurch wird eine nachhaltige Wettbewerbsfähigkeit geschaffen und der Unternehmenserfolg gesichert.

Die Expansion in neue Märkte zwingt sowohl aus gesetzlichen als auch aus wirtschaftlichen Gründen dazu, lokal ansässige Lieferanten zu identifizieren und an das Unternehmen zu binden. Somit wird deutlich, dass das Lieferantenmanagement ein modernes Instrument global agierender Unternehmen ist und die Beschaffung noch mehr in den Fokus unternehmerischen Handelns rückt.

Abbildung 6.1 zeigt abschließend die Phasen des Audi-Lieferantenmanagements in einem Überblick.

Abb. 6.1: Zusammenfassung des Lieferantenmanagements.

DOI 10.1515/9783110443363-6

A Anhang

Anhang 1

Tab. A.1: Haupt- und Teilkriterien I.

Einkaufspreise	Transparenz und Verständlichkeit der Konditionen
	Gegenleistungen für Konditionen
	Durchschnittspreis
	Entwicklung des Durchschnittspreises
	Target Costing
	Gegengeschäfte
Qualität der angebotenen Leistung	Qualität im engeren Sinne
	Know-how und Erfahrungen
	Produktion
	Kapazität
	Flexibilität
	Qualitätsfähigkeit
	Sortiment
	Service
	Garantie
	Folgekosten
Qualität der erbrachten Leistung	Qualität im engeren Sinne
	Flexibilität
	Service
	Subjektive Zufriedenheit
Lieferservice	Lieferzeit
	Lieferhäufigkeit
	Lieferbereitschaft
	Mengentreue
	Termintreue
	Fehllieferungsquote
	Anteil beanstandeter Lieferungen
	Qualitätsbedingte Nachlieferungen
	Lieferflexibilität
Innovationskraft	Aufwandsquote
	Häufigkeit an Innovationen
	Erfolgsrate
	Güte der Innovationen

DOI 10.1515/9783110443363-1

Tab. A.1: (Fortsetzung).

Kooperationsfähigkeit	Antwortverhalten bei Problemen
	Antwortverhalten bei Änderungen
	Frühzeitige Informationen
	Offene Kommunikation in Krisen
	Kontinuität der Ansprechpartner
	Erreichbarkeit der Ansprechpartner
	Verhalten bei Mängeln und Reklamationen
	Bereitschaft zu Kostentransparenz
Volumen und Abhängigkeit	Zeitliche Entwicklung der Volumina
	Abhängigkeit des Lieferanten
	Abhängigkeit des Abnehmers
	Abhängigkeit von Innovationen
Finanzkraft	Cashflow-Rendite
	Umsatzrendite
	Eigenkapitalrendite
	Eigenkapitalquote
	Anlagendeckungsgrad
	Liquidität 3. Grades
Soziale, ökologische, gesellschaftspolitische Kriterien	Soziales Engagement
	Ökologisches Engagement
	Gesellschaftspolitischer Status

Quelle: vgl. Disselkamp/Schüller 2004, S. 71–73

Anhang 2

Tab. A.2: Haupt- und Teilkriterien II.

Preis/Gesamtkosten	Preisniveau
	Preisstabilität
	Kostentransparenz
	Verhandlungsbereitschaft
	Rücknahme der Verpackung
	Werkzeugkosten
	Zahlungsbedingungen
Bonität – Finanzkraft	Kapitalausstattung
	Liquidität
	Erfüllung eigener Verbindlichkeiten
	Ertragskraft – Cash Flow
	Umsatz
	Unabhängigkeit
	Gesellschaftsform
	Haftung
	Image – Marktstellung
Standort	Transportdauer und -kosten
	Verkehrsanbindung – Risiken
	Sprache
	Rechtsordnung
	Geografische Lage
	Mentalität
	Gerichtsstand
	Umweltschutzauflagen
Unternehmenspolitische Faktoren	Konzernpolitik
	Personelle Verflechtung
	Joint Ventures – gemeinsame Beteiligungen
	Quoten
	Gegengeschäfte
	Langfristigkeit
Termintreue	Angebotsabgabe
	Erstmuster – Termine
	Vor-/Nullserientermine
	Technische Änderungen
	Sonderaktionen
	Reklamationsbearbeitung

Tab. A.2: (Fortsetzung).

Kommunikation	Einhaltung von Zusagen
	Verhalten bei Verhandlungen
	Vorabinformationen bei Störungen
	Eskalation
	Vertrauenswürdigkeit
	Offenheit
Kapazität	Anzahl der Mitarbeiter
	Maschinenpark
	Lagerkapazität
	Marktanteil
	Auslastung
	Elastizität (mehrere Schichten)
	Vertriebslogistik
Service	Beratung
	Kundendienst
	Kulanz
	Schnelle Bearbeitung
	Schnelle Reaktion
	Gründlichkeit
	Muster
	Außendienst
	Schulung
	Problemlösung, auch ökologisch
	EDV-Anbindung
Flexibilität	Schnellschüsse
	Sonderaufträge
	Volumensteigerungen
	Kapazitätsanpassungen
	Änderungen
	Just-in-Time-Bereitschaft
	Bereitschaft zur Konsignation
	Lernbereitschaft (NeverEnding Improvement)
Entwicklungspotenzial	Innovations-, Risiko-, Investitionsbereitschaft
	Trendfeeling
	Innovationsrate (-freudigkeit)
	Marktwissen (Marktforschung)
	Grundlagenforschung
	Produktmanagement
	Problemlöser, auch ökologisch
	Wertanalyse

Tab. A.2: (Fortsetzung).

Qualitätsfähigkeit	Qualitätssicherungssystem und -dokumentation
	Qualitätssicherung in der Entwicklung
	Qualitätssicherung in der Produktionsvorbereitung
	Qualitätssicherung während der Fertigung
	Prüfmittelüberwachung
	Qualitätsabsicherung bei Transport, Verpackung und Versand
	Qualitätsdokumentation
	Qualitätsabsicherung bei der Materialversorgung
	Sicherheitsmaßnahmen bei Gefahrengut
Know-how	Material
	Verfahren
	Problemlösung
	Kreativität
	Schutzrechte
	Patente
	Umwelt
Umweltschutz	Produkt
	Produktionsverfahren
	Verpackung
	Lieferant – Umweltpolitik
	Wareneingangsprüfung

Quelle: vgl. Hartmann/Orths/Pahl 2004, S. 35–36

Anhang 3

Tab. A.3: Kriterienpool.

Verantwortliche Fachabteilung	Bewertungskriterien
Materialwirtschaft – Einkauf	– Kostenanalyse: Transparenz, Ermittlung und Verteilung von Rationalisierungsgewinnen – Preisgestaltung: Preisentwicklung, Preisbindung – Unternehmensdaten: Management, Organisation, Standort- und Umweltfaktoren, Rechtsform, Finanzen, Ertragskraft, finanzielle Investitionen – Kommunikation – Kulanz, Reklamationsverhalten – Service – Vertragsgestaltung und Gegengeschäfte
– Logistik: Disposition, Wareneingang, Lager	– Lieferverhalten: Termin- und Mengentreue, Flexibilität bei Mengenveränderungen, – Sonderaktionen, Einhalten von Zusagen – Abrufverhalten, Änderungsdienst – Transport: Spediteurkonzept, Transportmittel und -wege – Verpackung: Gebindegröße, Mehrwegverpackungen – Lieferkapazitäten – Lager: Kapazitäten, Pufferlager, Lagereinrichtungen – Kommunikation: frühzeitige Warnung, Erreichbarkeit – Kommissionierungsstrategien
Qualitätssicherung	– allgemeines Qualitätssicherungssystem – Lieferqualität – Prüfeinrichtungen: Prüffeld, Labor – Prüfmittelüberwachung – Verpackungs- und Transportschutz – Reklamationsverhalten: Schnelligkeit, Bereitschaft zur Zusammenarbeit
Konstruktion	– Entwicklungspotenzial – Bereitschaft zur Zusammenarbeit – Anwendungsberatung – Innovationspotenzial – Produkt-Know-how: Produktpalette, technische Referenzen – Mitarbeiterqualifikation – Einsatz von CAD-Techniken
Produktion	– Maschinenpark: Ausstattung, flexible Strukturen – Rüst- und Produktionszeiten – Produktionsmöglichkeiten: Kapazität, Auslastung, Elastizität – Herstellungsprozesse: Eignung – Mitarbeiterqualifikation

Quelle: vgl. Hofbauer/Bergmann 2008

Literatur

Appelfeller, W./Buchholz, W. (2005): Supplier Relationship Management, Wiesbaden 2005.

Arnold, U. (2007): Strategisches Beschaffungsmanagement.
In: Arnold, U./Kasulke, G. (Hrsg.): Praxishandbuch innovative Beschaffung. Weinheim 2007, S. 13–46.

Arnold, U./Warzog, F. (2007): Beschaffungscontrolling.
In: Arnold, U./Kasulke, G. (Hrsg.): Praxishandbuch innovative Beschaffung. Weinheim 2007, S. 309–336.

Audi AG, Fischer: interne Ausarbeitung von Michael Fischer im Rahmen der Konzeption des Lieferantenmanagements, Schwerpunkt Lieferantenbewertung, 2007/2008

Audi AG, Fritsche: interne Ausarbeitung von Robin Fritsche im Rahmen der Konzeption des Lieferantenmanagements, Schwerpunkt Lieferantenentwicklung, 2008

Audi AG, Müller: interne Ausarbeitung von Michael Müller im Rahmen der Konzeption des Lieferantenmanagements, Schwerpunkt Lieferantenbewertung, 2007/2008

Audi AG, Stuhr: interne Ausarbeitung von Christian Stuhr im Rahmen der Konzeption des Lieferantenmanagements, Schwerpunkte Lieferantenklassifizierung und Umsetzungskonzept Lieferantenmanagement, 2007/2008

Becker, R./Stuka, O. (2007): Einkaufen mit Gefühl – Lieferantenauswahl und Kaufprozess im B-to-B-Bereich.
In: Qualität und Zuverlässigkeit, 5/2007, S. 26–31.

Berkenhagen, U./Vrbica, G. (2007): Sicherung langfristiger Wettbewerbsfähigkeit durch ganzheitliche Lieferantenintegration.
In: Garcia Sanz, F. J./Semmler, K./Walther, J. (Hrsg.): Die Automobilindustrie auf dem Weg zur globalen Netzwerkkompetenz – Effiziente und flexible Supply Chains erfolgreich gestalten. Berlin/Heidelberg 2007, S. 265–279.

Binder, M. (2007): Nachhaltiges Beschaffungsmanagement in der Automobilindustrie.
In: Beschaffungsmanagement – Revue de l'acheteur, 2007, Nr. 8, S. 14, 15 u. 21.

Büsch, M. (2007): Praxishandbuch Strategischer Einkauf, Wiesbaden 2007.

Disselkamp, M./Schüller, R. (2004): Lieferantenrating, Wiesbaden 2004.

Dreyer, H. W. (2000): Lieferantentypspezifische Bewertung von Lieferleistungen, Frankfurt am Main 2000.

Ehrmann, H. (2004): Kompakt-Training Logistik, Ludwigshafen 2004.

Ellram, L. M. (2002): Total Cost of Ownership.
In: Hahn, D./Kaufmann, L. (Hrsg.): Handbuch industrielles Beschaffungsmanagement. Wiesbaden 2002, S. 659–671.

Ellram, L.M./Edis, O.R.V. (1996): A case study of successful partnering implementation.
In: International journal of purchasing and materials management, Band 32 Nr. 4, 1996, S. 20–28.

Eyholzer, K./Kuhlmann, W./Münger, T. (2002): Wirtschaftlichkeitsaspekte eines partnerschaftlichen Lieferantenmanagements.
In: Hildebrand, K. (Hrsg.): Supplier Relationship Management. Heidelberg 2002, S. 66–76.

Garcia Sanz, F. J. (2007): Ganzheitliche Beschaffungsstrategie als Gestaltungsrahmen der globalen Netzwerkintegration in der Automobilindustrie.
In: Garcia Sanz, F. J./Semmler, K./Walther, J. (Hrsg.): Die Automobilindustrie auf dem Weg zur globalen Netzwerkkompetenz – Effiziente und flexible Supply Chains erfolgreich gestalten. Berlin Heidelberg 2007, S. 3–23.

Glantschnig, E. (1994): Merkmalsgestützte Lieferantenbewertung, Köln 1994.

Harting, D. (1994): Lieferanten-Wertanalyse, Stuttgart 1994.

Hartmann, H. (2004): Lieferantenmanagement, Gernsbach 2004.

Hartmann, H./Orths, H./Pahl, H.-J. (2004): Lieferantenbewertung – aber wie?, Gernsbach 2004.

Hartmann, H./Pahl, H.-J./Spohrer, H. (1997): Lieferantenbewertung – aber wie?, Gernsbach, 1997.

Hirschsteiner, G. (2003): Beschaffungsmarketing und Marktrecherchen, München Wien 2003.

Hirschsteiner, G. (2006): Einkaufs- und Beschaffungsmanagement, Ludwigshafen (Rhein) 2006.

Hofbauer, G. (2013): Technisches Beschaffungsmanagement, Berlin 2013.

Hofbauer, G./Bauer, C. (2004): Integriertes Beschaffungsmarketing, Der systematische Ansatz im Wertschöpfungsprozess, München 2004.

Hofbauer, G./Bergmann, S. (2012): Prinzipien des Innovations- und Technologiemanagements, Working Paper Hochschule Ingolstadt, Ingolstadt 2012.

Hofbauer, G./Bergmann, S. (2008): Optimales Rating für KMU, Erlangen 2008.

Hofbauer, G/Gandhi, S. J. (2016): Understanding the Entrapreneurial Mindset as a Key to Innovation for Business.
In: Management of organization in real and virtual environment: opportunities and challenges, Politechnika Opolska ISSN 1429-6063, Opole/Polen.

Hofbauer, G./Glazunova, A./Hecht, D. (2015): Strategische Lieferantenauswahl, Arbeitsberichte - Working Papers, Technische Hochschule Ingolstadt, Heft Nr. 36, ISSN 1612-6483, Ingolstadt 2015.

Hofbauer, G./Hecht, D. (2014a): Modernes Beschaffungsmanagement in Lehre und Praxis, Berlin 2014.

Hofbauer, G./Hecht, D. (2014b): Der prozessorientierte Ansatz des Beschaffungsmanagements als Hebel zur Wertgenerierung im Unternehmen, Arbeitsberichte – Working Papers der Technischen Hochschule Ingolstadt, Heft Nr. 30, Ingolstadt 2014.

Hofbauer, G. (2014): Ein moderner prozessorientierter Ansatz für das wertorientierte Beschaffungsmanagement, in: Hofbauer, G. (Hrsg.): Challenges, Research and Perspectives 2014, Berlin 2014.

Hofbauer, G./Hellwig, C. (2016): Professionelles Vertriebsmanagement – Der prozessorientierte Ansatz aus Anbieter- und Beschaffersicht, 4. Auflage, Erlangen 2016.

Hofbauer, G./Körner, R./Nikolaus, U./Poost, A. (2009): Marketing von Innovationen – Strategien und Mechanismen zur Durchsetzung von Innovationen, Stuttgart 2009.

Hofbauer G./Rau D. (2011): Professionelles Kundendienstmanagement, Strategie, Prozess, Komponenten, Erlangen 2011.

Hofbauer, G./Sangl, A. (2011): Professionelles Produktmanagement – Der prozessorientierte Ansatz, Rahmenbedingungen und Strategien, 2. Auflage, Erlangen 2011.

Hofbauer, G./Sangl, A. (2016): The Role of Procurement in Creating Value.
In: Conference Proceedings of ICEM 2016, International Scientific Conference Economics and Management, Brno/Tschechische Republik 2016.

Hofbauer, G./Sangl, A. (2016): Creating Value through Contemporary Procurement and Integration Management.
In: Business Intelligence as a Tool for Knowledge management in Business organization, Bratislava/Slowakische Republik 2016.

Hofbauer, G./Wilhelm, A. (2015): Innovationsprozesse erfolgreich managen – ein Praxisabgleich für die frühe Phase des Innovationsmanagements, Arbeitsberichte - Working Papers, Technische Hochschule Ingolstadt, Heft Nr. 35, ISSN 1612-6483, Ingolstadt 2015.

Hoffmann, R./Lumbe, H.-J. (2000): Lieferantenbewertung – der erste Schritt zum Lieferantenmanagement.
In: Hildebrandt, H./Koppelmann, U. (Hrsg.): Beziehungsmanagement mit Lieferanten. Stuttgart 2000, S. 87–120.

Hoffmann, R./Lumbe, H.-J. (2002): Lieferantenbewertung bei der Siemens AG – Grundlage für das Lieferantenmanagement.
In: Hahn, D./Kaufmann, L. (Hrsg.): Handbuch industrielles Beschaffungsmanagement. Wiesbaden 2002, S. 629–658.

Hopfenbeck, W. (2000): Allgemeine Betriebswirtschafts- und Managementlehre, Landsberg/Lech 2000.

Janker, C. G. (2004): Multivariate Lieferantenbewertung, Wiesbaden 2004.

Kaplan, R./Norton, D. (1997): Balanced Scorecard. Strategien erfolgreich umsetzen. Stuttgart 1997.

Kerkhoff, G. (2005): Zukunftschance Global Sourcing, 1. Auflage, Weinheim 2005.

Kerkhoff, G. (2006): Milliardengrab Einkauf, 2. Auflage, Weinheim 2006.

Kerkhoff, G./Michalak, C. (2007): Erfolgsgarantie Einkaufsorganisation, 1. Auflage Weinheim 2007.

Kirst, P. (2008): Lieferantenintegration im Produktentstehungsprozess.
In: Schuh, G./Stölzle, W./Straube, F. (Hrsg.): Anlaufmanagement in der Automobilindustrie erfolgreich umsetzen. Berlin Heidelberg 2008, S. 93–105.

Kleinaltenkamp, M./Plinke, W. (2000): Technischer Vertrieb: Grundlagen des Business-to-Business Marketing, 2. Auflage, Berlin 2000.

Knapp, T./Durst, M./Bichler, K. (2000): Permanente Bewertung der Lieferantenleistung.
In: Beschaffung aktuell, 12/2000, S. 42–47.

Krokowski, W. (1993): Total Cost of Ownership (TCO) – ein unterstützendes Instrument zur Lieferantenauswahl im Bereich der Beschaffungslogistik.
In: Baumgarten, H./Holzinger, D./Rühle, H./Schäfer, H./Stabenau, H./Witten, P. (Hrsg.): RKW-Handbuch, Band 2, Artikel 5070, 1993 (18. Lfg.), Berlin 1993.

Krokowski, W. (2007): Grundlagen des Global Sourcing.
In: Arnold, U./Kasulke, G. (Hrsg.): Praxishandbuch innovative Beschaffung. Weinheim 2007, S. 441–475.

Kuhn, A./Hellingrath, H. (2002): Supply Chain Management, Berlin Heidelberg 2002.

Langemann, T./Röhrig, J. (2002): Collaborative Supply Chain Management (CSCM).
In: BearingPoint (Hrsg.): Jahrbuch der Beschaffung 2002. Berlin 2002, S. 31–43.

Large, R. (1999): Strategisches Beschaffungsmanagement, 1. Auflage, Wiesbaden 2006.

Large, R. (2006): Strategisches Beschaffungsmanagement, 3. Auflage, Wiesbaden 2006.

Maron, B./Brückner, J. (1998): Aktives Lieferantenmanagement.
In: Qualität und Zuverlässigkeit (QZ), 1998, Heft 43, S. 718–720 u. 722.

Müller, A. (2002): Controlling-Konzepte: Kompetenz zur Bewältigung komplexer Problemstellungen, Stuttgart Berlin Köln 2002.

Muschinski, W. (1998): Lieferantenbewertung.
In: Strub, M. (Hrsg.): Das große Handbuch des Einkaufs- und Beschaffungsmanagements, Landsberg/Lech 1998, S. 77–126.

Payne, A./Rapp, R. (2003): Handbuch Relationship-Marketing, München 2003.

Pfefferli, H. (2002): Lieferantenqualifikation, Renningen 2002.

Präuer, A. (2007): Solutions Sourcing – Erfolgsfaktoren einer Verlagerung von Geschäftsprozessen.
In: Arnold, U./Kasulke, G. (Hrsg.): Praxishandbuch innovative Beschaffung. Weinheim 2007, S. 543–574.

Riemer, K./Klein, S. (2002): Supplier Relationship Management.
In: Hildebrand, K. (Hrsg.): Supplier Relationship Management. Heidelberg 2002, S. 5–20.

Rink, C./Wagner, S. M. (2007): Lieferantenmanagement: Strategien, Prozesse und systematische Umsetzung.
In: Brenner, W./Wenger, R. (Hrsg.): Elektronische Beschaffung – Stand und Entwicklungstendenzen. Berlin Heidelberg 2007, S. 39–62.

Roland, F. (2003): Lieferantenmanagement mit Internettechnologien.
    In: Bogaschewsky, R./Götze, U. (Hrsg.): Management und Controlling von Einkauf und Logistik. Gernsbach 2003, S. 195–215.
Schönsleben, P. (2007): Integrales Logistikmanagement: Operations and Supply Chain Management in umfassenden Wertschöpfungsnetzwerken, Berlin Heidelberg 2007.
Schuh, G./Stölzle, W./Straube, F. (2008): Grundlagen des Anlaufmanagements: Entwicklungen und Trends, Definitionen und Begriffe, Integriertes Anlaufmanagementmodell.
    In: Schuh, G./Stölzle, W./Straube, F. (Hrsg.): Anlaufmanagement in der Automobilindustrie erfolgreich umsetzen. Berlin Heidelberg 2008, S. 1–6.
Schumacher, C./Schiele, H./Contzen, M./Zachau, T. (2008): Die 3 Faktoren des Einkaufs, Weinheim 2008.
Strub, M. (1998): Das große Handbuch Einkaufs- und Beschaffungsmanagement, Landsberg/Lech 1998.
Thommen, J.-P./Achleitner, A.-K. (2001): Allgemeine Betriebswirtschaftslehre, Wiesbaden 2001.
VDA (1998): Qualitätsmanagement in der Automobilindustrie – Prozessaudit 6.3, Frankfurt 1998.
Wagner, S. M. (2001): Strategisches Lieferantenmanagement in Industrieunternehmen, Frankfurt 2001.
Wagner, S. M. (2002): Lieferantenmanagement, München 2002.
Wagner, S. M. (2003): Management der Lieferantenbasis.
    In: Boutellier, R./Wagner, S. M./Wehrli, H. P. (Hrsg.): Handbuch Beschaffung. München Wien 2003, S. 691–731.
Wildemann, H. (1994): Einkaufspotentialanalysen – Leitfaden zur Durchführung von Einkaufspotentialanalysen, München 1994.
Wildemann, H. (2000): Einkaufspotentialanalyse: Programme zur partnerschaftlichen Erschließung von Rationalisierungspotentialen, München 2000.
Wildemann, H. (2002): Das Konzept der Einkaufspotentialanalyse: Bausteine und Umsetzungsstrategien.
    In: Hahn, D./Kaufmann, L. (Hrsg.): Handbuch industrielles Beschaffungsmanagement. Wiesbaden 2002, S. 543–561.
Woisetschläger, E. (2007): Auf den Umgangston kommt es an.
    In: technik + EINKAUF, Heft 4, 2007, S. 14.

Stichwortverzeichnis